教师必备金点子系列

JIAOSHIBIBEIJINDIANZIXILIE

U0623887

现代教师常用的

15种

教学方法

XIANDAIJIAOSHICHANGYONGDE
15ZHONGJIAOXUEFANGFA

牛 玲 刘 巍◎编著

吉林文史出版社

图书在版编目（CIP）数据

现代教师常用的 15 种教学方法 / 牛玲，刘巍编著. ——
长春：吉林文史出版社，2013. 2（2021.6重印）
（教学必备金点子系列）
ISBN 978 - 7 - 5472 - 1462 - 6

Ⅰ. ①现… Ⅱ. ①牛… ②刘… Ⅲ. ①中小学 - 教学法 Ⅳ. ①G632.4

中国版本图书馆 CIP 数据核字（2013）第 034679 号

教师必备金点子系列

现代教师常用的 15 种教学方法

XIANDAIJIAOSHICHANGYONGDE 15ZHONG JIAOXUEFANGFA

编著/牛玲　刘巍

责任编辑/高冰若

封面设计/小徐书装

出版发行/吉林文史出版社

地址/长春市福祉大路5788号

邮编/130118

网址/www. jlws. com. cn

印刷/三河市燕春印务有限公司

开本/710mm×1000mm　1/16

印张/13.5　字数/140 千字

版次/2013 年 3 月第 1 版　2021 年 6 月第 3 次印刷

书号/ISBN 978 - 7 - 5472 - 1462 - 6

定价/39.80 元

前　言

百年大计，教育为本；教育大计，教师为本。今日之教育教学活动，"道"已充裕，"学"渐丰满，唯"技"阙如。实践于第一线的中小学教师对各式各样的道理已不陌生，对教育教学应遵循的规范、规则也了然于胸，而对于如何化理念为方法、化规定为智慧则不甚了了。这在很大程度上影响了他们实践中的行为与作为，而教师教学方法的应用直接关系着素质教育的落实和新课程改革的推进。教学方法的研究由来已久，有关成果林林总总。这些研究成果为广大中小学教师认识、使用教学方法提供了很大帮助。但仔细阅读这些成果，不难发现，以新课程为背景，系统呈现现代教师常用的教学方法的成果不多。基于这种认识以及现实教学的需要，为了加大教师培训力度，使教师围绕教学新情境形成教学新智慧，围绕教学新问题构建教学新本领，我们编写了这本《现代教师常用的 15 种教学方法》。

本书以教学方法总述为先导，将教学方法分为六类。分别阐释的具体教学方法有讲授法、讨论法、谈话法、演示法、参观法、实验法、练习法、暗示法、情境教学法、学导式教学法、探究教学法、问题教学法、发现教学法、程序教学法、范例教学法。从各章的案例展示、理论基础、基本步骤、应用须知等几个方面，详尽分析了 15 种教学方法的方方面面。从总体上讲，这些教学方法是教师常用的，同时也是教师比较关注的方法，认识、理解、掌握了这些方法，在很大程度上也就具备了教师课堂教学的基本素养，能够应对课堂上出现的常规性问题。

本书以素质教育为导向，以新课程为背景，着力将先进的教育理念用技能的方式外化出来，将抽象的教育理论用行为的方式表现出来，将划一的教育规则用操作的方式凸现出来，力求为教师提供便于实际应用的教学指南。旨在为全体教师提供有效的教学方法，使其更好地理解应该怎样教，如何教得更好。本书从新课程实施后涌现出的丰富案例中，采撷精华，在理论阐述的同时，透彻分析实践案例，让读者不仅仅体味课堂教学的新异之处，更能学会并掌握、运用新课程课堂教学艺术。新教师可从书中学到各种教学流派的理论知识，各种教学方法的理论基础。那些在教学中面临棘手的问题或担心自己已黔驴技穷、难有新意的老教师则可以从书中获得各种方法，为其教学注入新的活力。学以致用，用而优质。

在本书的编写过程中，得到了众多领导和同事的鼎力支持和帮助，在此表示诚挚的谢意。由于时间紧迫，水平有限，书中难免有一些不足和疏漏之处，望广大读者不吝批评指正，特此感谢。我们期待更多的教育理论与实践关注教师教学技能，也期待中小学教师对此书提出批评与建议。

牛　玲

2012 年 11 月

现代教师常用的

15 种

教学方法

目 录

第一章 教学方法综论

教学方法是教学过程整体结构中的一个重要组成部分，是教学的基本要素之一。 无论在教学理论还是在教学实践中，教学方法都占据着十分重要的地位。 它是教学理论构成中不可或缺的内容，是教学实践中不可替代的表现形式。 它直接关系着教学工作的成败、教学效率的高低和把学生培养成什么样的人。 因此，教学方法问题解决得好坏，就成为能否实现教学目的、完成教学任务的关键。 教学实践也证明，教师如果不能科学地选择和使用教学方法，会导致师生消耗精力大、学生负担重、教学效果差，给工作造成不应有的损失。 对于中小学教师而言，了解、认识教学方法，进而掌握并灵活运用教学方法是很好地履行教学职责、体现自身工作价值的重要方面。

第一节 教学方法概述

一、教学方法的概念

（一）教学方法的不同界定

教学方法是教育者很熟悉的一种教学行为，但是要对这一行为作出明确的概念界定，却并不容易。 已有的种种界定所提供的也不是一幅清晰的画面。 教学方法古已有之，有了教学行为，也就产生了相应的教学方法，产生了对教学方法的思考。关于教学方法的论述我国古代伟大的思想家孔子就曾经谈道："不愤不启，不悱不发。"这里的"愤"可理解为学生对某一问题正在积极思考、急于解决而又尚未搞通时的矛盾心理状态。这时教师应对学生思考问题的方法适时给予指导，帮助学生开启思路，这就是"启"。"悱"是学生对某一问题已经有一段时间的思考，但尚未考虑成熟，处于想说又难以表达的另一种矛盾心理状态。这时教师应帮助学生明确思路，弄清事物的本质属性，然后用比较准确的语言表达出来，这就是"发"。虽然只有八个字，但生动地表现出孔子进行启发式教学的完整过程及教学方法。类似的论述，无论是在中国还是在西方的历史发展中，不一而足。

对于教学方法的概念，人们给予过许多不同的解释。每个教师大体在自己的头脑当中都会有对教学方法的认识和理解，但当将这些认识和理解上升到概念水平加以提炼的时候，却发现它常常与其他相邻概念纠缠不清，难以为其描绘出一幅清晰的画面。如有人认为："教学方法是指教师在教学过程中为了完成教学任务所采用的工作方式和在教师指导下的学生的学习方式。"也有人认为："教学方法是教师为了完成教学任务，实现教学目的，在教学过程中所采用的一系列方法措施。"还有人认为："教学方法是为完成教学任务而采用的办法。它包括教师教的方法和学生学的方法，是教师引导学生掌握知识技能，获得身心发展而共同活动的方法。①"仔细考究起来，这些解释虽有其正确与合理的一面，但或失之偏颇，或过于笼统、含糊，不能充分地揭示教学方法的内在本质。

(二)教学方法的概念

基于以上认识，我们可以把教学方法的概念表述为，教学方法是在教学过程中，教师和学生为实现教学目的、完成教学任务而采取的教与学相互作用的活动方式的总称。

---

① 王道俊、王汉澜.教育学[M].北京:人民教育出版社,1989:244.

随着现代教学理论和实践的不断深入发展，人们对教学方法本质的研究趋于深刻，教学方法的定义也比较具体、确切。明确体现为以下几方面的思想和内容：

1. 教学活动的双边性。教学活动是教师的教和学生的学密切联系、相互作用的双边活动。教学方法既包括教师的教法，也包括学生的学法，是教师的教与学生的学相互协同以完成教学任务的方式方法，是教法与学法的总和。如教师在讲授时，要求学生聆听、思考；教师如果进行演示，学生会观察、分析。所以教学方法充分体现了师生在教学中相互联系、相互作用和相互统一活动的特点，但二者绝不是机械的相加之和，而是密切联系、相互作用的教学活动统一体的两个方面。教与学两个方面虽有主次之分，但总是不可缺少的。单纯反映教师的活动，会使教学陷入生硬灌输、强迫注入的境地。

2. 教的方法与学的方法相互联系与作用。教学方法包括教的方法与学的方法，两者密切联系、相互作用。具体来说，在教学方法运用过程中，教师教的方法制约着学生学的方法，学生学的方法也影响着教师教的方法；教师的教法必然通过学生的学法体现出来，学生的学法实际上是教师指引下的学习方法。每种教学方法也正是通过师生个别的教法与学法的有机结合和辩证统一来发生效力的。教师无论是对教法的选择和运用，还是对学法的指导与实践，无不贯穿着这种统一。正如有人所指出的："教学方法的本质，主要取决于学生的学习认识活动（学习）和教师相应的活动（教学）的逻辑顺序和心理方面，即由学习方式和教学方式二位一体运用的协调一致的效果来决定的。"所以，教学方法概念的表述不能笼统地说成"教学方法包括教师教的方法和学生学的方法"。

3. 教学方法是在教学过程中展开的。它是与教学的实际进程紧密结合在一起的，离开了教学进程，方法也就不成其为教学方法，它只有存在于教学过程中才有意义。所以教学方法实质上是一种运动规律的规定性和活动模式，它规定人们按一定的行为模式去活动。也就是说，不能把教学方法等同于教学工具或教学手段，而是对工具和手段的运用；也不能把教学方法看成是某种固定的方式或动作，而是一系列的活动。这种活动是有目的的活动，是师生相互作用的活动，更是以一定方式结合的活动。

二、教学方法的分类

"分类是科学研究的第一步"，恩格斯的这一论述对教学方法的研究来说，同样具有指导价值。关于教学方法的分类，有着形形色色不同的认识。目前，比较典型的分类方法有巴班斯基的分类方式、拉斯卡的分类方式、李秉德的分类方式、层次分类方式等。

(一)巴班斯基的分类方式

前苏联教育家巴班斯基认为，教学方法是教师与学生之间相互联系的活动方式与途径。这种活动是为了在教学过程中使教育、教学和学生发展达到一定的目的和任务要求。巴班斯基还认为教学活动包括了这样的三种成分，即知识信息活动的组织、个人活动的调整、活动过程的随机检查。所以他把教学方法归纳划分为三大类别：第一大类是"组织和自我组织学习认识活动的方法"，第二大类为"激发学习和形成学习动机的方法"，第三大类是"检查和自我检查教学效果的方法"。每一大类别中又划分为几个小类，每个小类之中又各自包含着几种不同的方法，由此构成一个比较完整的教学方法分类体系。

巴班斯基教学方法体系比较全面地考虑到了教学活动的各个方面，而且是多种教学方法的优化组合。但巴班斯基的分类不是一个封闭系统，机械地将各种教学方法简单地拼凑在一起，而是利用整体的理念，全面系统地对教学方法进行研究和分类，对人们全面辩证地认识、理解和运用教学方法提供了有利条件。所以，巴班斯基的教学分类模式在当代教学方法分类研究中是很有特色的，也受到了广泛的关注，在现代教学方法研究中有着较大的影响。

(二)拉斯卡的"四种基本教学方法"

美国学者拉斯卡认为已有的教学方法分类不尽如人意，他在进行细致考察后提出："用更合适的标准后，我发现世界上只有四种基本教学方法，既不多，也不少。""其中有三种方法是'传统'的方法，因为在古希腊和罗马的文献中就证明它们存在。 另一种教学方法是 20 世纪的一项创新。""我认为教学方法就是发出和接受学习刺激的程序。"拉斯卡提出以学习刺激的类型为标准分类。 基本教学方法中的任何一种都与不同类型的学习刺激有关。 学习刺激作为一种手段是与预期学习结果的实现相联系的刺激。 依据在实现预期学习结果中的作用，学习刺激可分为四种，可将它们称之为 A、B、C、D 刺激。 四种基本方法如下：

呈现方法。 这是 A 种学习刺激的运用，是用确定的形式把将要学习的内容呈现给学生，在呈现这些刺激时只要求学生注意到呈现的刺激，在这个意义上说，学生的作用比较被动。

实践方法。 这是 B 种学习刺激的运用，是用问题解决形式提供给学生，通过已知程序的运用，提供可模仿的模式或可操作的特定学习活动来进行。 该法要求学生起积极作用。

发现方法。 这是 C 种学习刺激的运用。 C 种刺激提供给学生一个情境，希望学生在其中发现预期学习结果。

强化方法。 这是依据 D 种学习刺激的分类。 D 种刺激是学生作出预期反应后，由对学生反应的强化而构成的。 各基本方法又由许多特定方法构成（详见下表）。 特定方法可视为普通方法的具体运用。

表 1－1　四种基本教学方法比较

方法	学习过程的假设	教师作用	提供学习刺激	学生作用	运用的特定方法
呈现	基本上无意识地学习，不需要学生特别努力，大脑是容器，知识来自外部	选择并用适当顺序呈现学习刺激	A 种刺激（前反应）	消极	讲授；图片；校外考察；示范，等等。

方法	学习过程的假设	教师作用	提供学习刺激	学生作用	运用的特定方法
实践	学生逐步达到预期目的，逐步完成学习任务，需要实践	确定学习题目和组织实践活动	B 种刺激（前反应）	积极	朗诵；训练；笔记本作业；模仿，等等。
发现	学生经过努力突然发现预期学习成果，知识来自内部	组织和参与学生的发现活动	C 种刺激（前反应）	积极	苏格拉底法；讨论；实验，等等。
强化	学生表现出对学习结果的特定行为后，给予奖励或强化	提供系统的强化	D 种刺激（后反应）	积极	行为矫正；程序教学，等等

(三)李秉德教授的教学方法分类

李秉德教授按照教学方法的外部形态和这种形态下学生认识活动的特点，从中国学校教育教学实际和有利于教师选择运用的角度出发，将中小学常用的教学方法分为五个类别：

1. 以语言传递信息为主的教学方法

以语言传递信息为主的教学方法，是指通过教师运用口头语言向学生传授知识、技能以及学生独立阅读书面语言为主的教学方法。由于语言是交际的工具，它在教学过程中是一种非常重要的认识媒体。教师和学生之间的信息传递大部分是靠书面语言和口头语言来实现的。而且对学生来说，语言的锻炼与发展也是培养思维品质的一个重要方面。所以，以语言传递信息为主的方法是中国目前中小学教学过程中应用最为广泛的一类方法。在教学过程中，以语言传递信息为主的方法主要有讲授法、谈话法、讨论法和读书指导法。

2．以直接感知为主的教学方法

以直接感知为主的教学方法，是指教师通过对实物或直观教具的演示和组织教学性参观等，使学生利用各种感官直接感知客观事物或现象而获得知识的方法。这类方法的特点是具有形象性、直观性、具体性和真实性。这类方法在教学中与以语言传递信息为主的方法结合运用，会使教学效果更佳。以直接感知为主的方法包括演示法和参观法。

3．以实际训练为主的教学方法

以实际训练为主的教学方法，是通过练习、实验、实习等实践活动，使学生巩固和完善知识、技能、技巧的方法。以实际训练为主的方法是以学生的实践活动为特征的。通过实践性教学活动，使学生的认识向深层次发展，巩固和完善学生的知识、技能和技巧。教育心理学研究成果表明，技能包括外部动作技能和内部的心智技能两方面。技能技巧的形成与完善，始终是与动作技能与心智技能相互联系、相互依存着。特别是动作技能的形成始终受心智技能的支配和调节。如写字、运算、实际操作等技能不仅仅依靠语言传递，还必须依靠实际训练。在教学过程中，以实际训练为主的方法包括练习法、实验法和实习作业法。

4．以欣赏活动为主的教学方法

以欣赏活动为主的教学方法，是指教师在教学中创设一定的情境或利用一定教材内容和艺术形式，使学生通过体验客观事物的真善美，陶冶他们的性情，培养他们正确的态度、兴趣、理想和审美能力的方法。欣赏活动教学方法着重培养欣赏的鉴赏能力和社会价值观念。教师在教学中往往只注重知识技能的传授和训练，而忽视理想、态度、兴趣和欣赏能力的培养。而这些方面在人的成长中又具有很重要的作用。欣赏法在各学科教学中表现为三种不同的类型：一是艺术美和自然美的欣赏（如音乐、美术、文学作品和大自然的欣赏）；二是道德行为的欣赏（如政治、历史、语文等教材中所表现的道德品质或社会品德的欣赏）；三是理智的欣赏（如科学研究中追求真理、严谨求实、发明创造、大胆探索精神的欣赏）。以欣赏活动为主的方法主要是欣赏法。

5．以引导探究为主的教学方法

以引导探究为主的教学方法，是指教师组织和引导学生通过独立的探究和研究活动而获得知识的方法。其特点在于学生在探索、解决、认识任务的过程中，他们的独立性得到了比较充分的发挥，从而逐步达到培养和发展学生的探索、研究、创新等方面的能力。在这类方法中，教师的地位与前几类方法中的情况有较大不同。教师引导学生尽可能地发挥自己在学习中的自主作用。教师更主要的是为学生设计探索研究的情境，提供相关的资料，引导学生开展有目的的探索活动，帮助学生形成"发现"的结论或结果。以引导探究为主的教学方法主要是发现法。

图 1-1　李秉德教授的教学方法分类

（四）黄甫全教授提出的层次构成分类模式

黄甫全教授认为，从具体到抽象，教学方法是由三个层次构成的，这三个层次是：

第一层次：原理性教学方法。解决教学规律、教学哲学思想、新教学理论观念与学校教学实践直接的联系问题，是教学意识在教学实践中方法化的结果。如启发式、发现式、设计教学法、注入式方法等。它们的最大特点是为具体教学方法提供理论指导，具有原理性，所以被称为原理性教学方法。这一层次的教学方法有四大特点，即抽象性、内容的广泛适用性、程序的非特定性和原理指导性。

第二层次：技术性教学方法。向上可以接受原理性教学方法的指导，向下可以与不同学科的教学内容相结合，构成操作性教学方法，在教学方法体系中发挥着中介性作用，因此被称为技术性教学方法。例如，讲授法、谈话法、演示法、参观法、实验法、练习法、讨论法、读书指导法、实习作业法等。这个层次具有技术性特点，每一种方法都适用于学校各科目或几个科目的教学。

第三层次：操作性教学方法。指学校不同学科教学中具有特殊性的具体的方法。如劳动技术课的工序教学法、美术课的写生教学法、音乐课中的视唱教学法、标枪课中的小步子教学法、外语课的听说教学法、语文课的分散识字等。每一种方法只适用于特定的科目教学中，具有与各科目的教学内容相结合、基本固定的程序和方式，教师一旦掌握便可立即操作应用，其根本特点就是可操作性。

三个层次的教学方法，即原理性教学方法、技术性教学方法和操作性教学方法，相互区别又相互联系，把杂乱的各种各样的教学方法梳理出了一个基本秩序，构成了一个有机的教学方法体系。这三个层次教学方法的特点及其比较经归纳如下表所示：

表1-2 三个层次教学方法比较

层次	对象问题	特点	举例
原理性	1.师生的关系和地位；2.学生与内容的关系；3.教学价值取向。	1.抽象性；2.适用于各种内容和各种形式；3.无固定程序；4.原理性：起指导作用。	1.启发式；2.发现式；3.设计教学法；4.注入式。
技术性	1.师生与不同性质内容的相互关系；2.媒介问题；3.教学价值取向。	1.抽象与具体相统一；2.适用于相同性质内容；3.有一般性程序；4.技术性：中介作用。	1.讲授法；2.谈话法；3.演示法；4.参观法；5.实验法；6.练习法；7.讨论法；8.读书指导法；9.实习作业法。
操作性	1.教学过程与学习过程的相互关系；2.内容与手段的时间结构问题。	1.具体性；2.内容的特定性；3.有固定程序；4.操作性：课堂教学的实用价值。	1.语文课的分散识字法；2.外语课的听说法；3.美术课的写生法；4.标枪课的小步子法；5.音乐课的视唱法；6.劳动技术课的工序法。

(五)本书的分类框架

本书按照教学方法的外部形态及其学生认知活动的特点，把现代教师常用的15种教学方法分为五类，即以语言传递信息为主的方法（包括谈话法、讲授法、讨论法）；以直接感知为主的方法（演示法、参观法）；以实际训练为主的方法（练习法、实验法）；以欣赏活动为主的方法（暗示法、情境教学法）；以引导探究为主的方法（发现法、问题教学法、探究教学法、学导式教学法）。 这些教学方法之所以经常被采用，主要是因为它们都有重要的使用价值，对提高教学质量具有特定的功效，是教学方法的重要组成部分。同时本书还介绍了范例教学法和程序教学法。在教学中究竟如何运用各类教学方法，要视具体情况而定，但其出发点和落脚点，都是为了培养学生分析问题和解决问题的能力，发掘其潜在能力。

三、教学方法的选择

古今中外积累的教学方法十分丰富，随着我国教学改革的不断深入，又出现了许多新的教学方法。而任何教学方法，都是为实现教学目的服务的。所以，在实际教学中，教师能否正确选择教学方法，就成为影响教学质量的问题之一。实践证明，教师只有综合地、全面地、具体地考虑整个教学系统中的所有要素，选取适当的教学方法，并能合理地加以组合，才能使教学效果达到最优化；反之，如果毫无选择地使用教学方法或错误选用教学方法，都会给教学活动造成不利的影响。正是从这个意义上说，教学的成败在很大程度上取决于教师是否能妥善地选择教学方法。所以，每个教师都必须学会科学地、恰当地选择教学方法。

（一）选择教学方法的依据

1. 依据教学目标选择教学方法

现代教育理论表明，根据不同的教学目标需要选择不同的教学方法是走向教学最优化的重要一步。因此，围绕教学目标的实现来选择方法是一条重要的原则。根据教学目标来选择方法要考虑以下几点：

（1）特定的目标往往要求特定的方法去实现。认知领域的目标有知识、理解、应用、分析、综合、评价六个层次。通常，要使学生了解新知识，常常选用讲授法、介绍法和阅读法等；要求达到理解、领会层次的，可选用质疑法、探究法和启发式谈话法等；要使学生掌握解题技能技巧，就采用练习法、迁移法和讲评法等；而对于高层次的目标，如分析、综合、评价，则应选用比较法、系统法、解决问题法、讨论法等。

（2）各种教学方法有机结合，发挥最佳功效。由于教学目标的多层次化，教学环节的多样性，必然要求教学方法的多样化。特定的方法只能有效地实现某一或某几方面的目标，完成某一或某几个环节的任务，要保证教学目标的全面实现，教学中往往要求选用几种能互补的方法，并把它们有机结合起来。同时，扬长避短地选用各种方法。每一种方法都具有其独特的功能和长处，同时也都有其局限性和不足之处。正如前苏联著名理论家巴班斯基所说："每种教学法按其本质来说都是相对辩证的，它们都既有优点又有缺点。每种方法都可能有效地解决某些问题，而解决另一些则无效；每种方法都可能有助于达到某种目的，却妨碍达到另一种目的。"因此我们选用不同的教学方法时要尽可能地避免其缺陷。

2．根据教材内容的特点选择教学方法

除了教学目标，不同教学内容也制约着教学方法的选择。在教学方法与教学过程其他成分的依存关系中，教学内容起着基本的、决定性的作用，因为方法是内容的运动形式，教学内容决定着教学运动形式，即决定着教学方法。一般来说，不同学科性质的教材，采取不同的教学方法；而某一学科中的具体内容的教学，要求采取与之相应的教学方法。艺术性强的学科如音乐、美术和科学性强的学科如物理、化学等，在教学方法上是有着很大差别的。如就学科教材来讲，语文、外语多采用讲读法；物理、化学多采用演示、实验法；数学多采用练习法。同是练习法，不同的学科练习的侧重也有所不同。如适应语文和外语教学的是说话练习，适应数理化教学的是解题练习，适应地理和图画教学的是绘图练习，适应作文教学的是创作练习等。就每门课程的具体内容来讲，它们又有各自的特点和要求，在教学过程中，它们又总是和学生掌握该内容所必需的智力活动的性质相联系的。所以有些部分可以用讲授法，有些部分可以用讨论法，有些部分可以用练习法或实习法。总之，必须根据教材的性质和具体内容的特点，选择适当的教学方法。

3．依据学生的实际情况选择教学方法

教师的教，是为了学生的学，教学方法影响着学生的个性特征及能力水平。所以，选择教学方法时，要从学生的年龄特征考虑，对处于不同年龄的学生及思想水平不同的学生要采用不同的教学方法。例如，发现法和讨论法对于小学低年级学生或思维水平低下的学生，往往不能达到预期的教学目标。角色扮演法对于低年级学生来说，往往更有利于激发他们的学习动机和兴趣。

教学方法还要适应学生的基础条件和个性特征。有的内容，学生已经有了大量的感性认识，教师讲某一现象，学生就可以理解，这种情形就不必使用直观教具进行演示。反之，对于学生来说缺乏感性认识的材料，就尽量采用直观演示的方法进行教学。初中学生的抽象思维能力较弱，宜采用直观的方式教学，并逐步以演绎、抽象的方法取代直观模型，不断地提高抽象思维能力；而高中的教学则应采用多种教学方法结合的方式去进行。对已有自学能力和自学习惯的学生，可以在学生自学的基础上，针对学生学习中可能遇到的疑难问题，运用有针对性的讲解法，而对于尚无自学能力和自学习惯的学生，则需要经过一段时期的自学辅导训练，以讲解法为主，逐步过渡到自学法辅之以重点讲解的教学形式。

此外，选择教学方法还要考虑同一班级中学生的个体差异。在一个班中，学生的思维类型差异和个性差异也影响着他们对不同方法的好恶和适应性，如有的学生必须在教师讲解后才能清楚地把握知识，有的学生要通过亲自动手操作后才印象深刻，还有的学生则对经过充分讨论或自己发现的知识才能过目不忘。因此选择教学方法应以面向大多数学生为主。若班级的整体水平较高，则可多采用讲解、发现、谈话、讨论等方法，多用问题引导学生思考，着重于对学生能力的培养。若班级整体水平一般，则可侧重于讲解，辅之以谈话法或讨论法。若班级整体水平较低，就要选择讲授为主、适当组织学生活动的方法。目的是使学生树立学习信心，提高学习的兴趣，鼓励学生积极参与教学活动过程，逐步提高班级学生的整体水平。因此选择教学方法时，教师要考虑学生的特点，必须反映学生的主体要求，把学生学习的主体性和学习特点结合起来，学生才能学得既主动又有效。

4．依据教师的个性特点与素质选择教学方法

　　教师的素质、个性也是考虑教学方法不可忽视的重要因素。教学方法的选择往往取决于教师的个性特点，教学方法总是随着运用它的教师个性而有明显的不同。这里的个性主要是指在教师个性心理特征基础上表现出来的教学风格、对不同课堂气氛的好恶、与学生的亲密程度等。例如，一位平时总是表情严肃的教师在使用"游戏法"、"角色扮演法"时，可能就不如一位平时和蔼可亲的教师采用这种方法的效果好。从某种意义上看，教学方法只是一种工具，教师在实践中总是以自己独有的特性去影响教学方法的选择，教师本身的特性允许他可以着重运用某些方法。

　　教师素质的差异也制约着教学方法的选择，教师的素质结构，包括知识结构、能力结构、心理结构、品德结构等，都与教学方法的选择有关。任何一种教学方法的选用，只有适应教师的素质，才能为教师所理解和掌握，才能发挥作用。如有的教师形象思维水平高，可以用生动形象的语言把问题的现象和事实描绘得生动具体，然后从所讲事实出发，由浅入深地讲清道理。依据这一特长，可多选择以语言传递信息为主的方法。而有的教师不善于用生动的、具体的语言描述，但善于运用直观教具，在直观教具的配合下能有效地讲清理论，就可多选择以直接感知为主的方法进行教学。有的方法虽然好，但如果教师缺乏必要的素质条件，自己驾驭不了，仍然不能在教学实践中产生良好的效果。例如，运用发现法或谈话法，教师本身对教材的理解必须有一定的深度，能从不同角度去分析内容，分析学生在学习中可能产生障碍的环节，这样才可能设计教学过程。同时教师还必须有较强的应变能力，遇到学生从各种不同角度提出的问题，特别是在备课时不曾想到的问题，要能随机应变，妥善解答，并能采用恰当的方式过渡。因此，教师的某些特长、某些弱点和运用某种方法的实际可能性，都应成为选择教学方法的重要依据。教师选择教学方法，应根据自己的实际，扬长避短，采取与自己条件相适应的教学方法。教学实践中，教师应以自己擅长的教学方法为主，辅之以其他的教学方法，以形

成自己的教学特色和教学风格。

5.要依据教学的组织形式、时间、设备条件

教学方法的选择要依据教学组织形式。有些教学方法或教学方法的配合适用于个别教学，而另外一些则可能适用于小组教学或班级教学。所以选择教学方法时需要考虑全班学生，也需要考虑对差生或差生组给予帮助，对优等生或优等组提出高标准要求等。例如，运用谈话教学，当提出问题进行讨论时，对差生或差生组就需要给予暗示或诱导，帮助他们解决问题。教学方法的选择需要依据时间的多少。教学时间是一定的，要在规定的时间内完成教学任务，达到教学目标，必须优化选择教学方法，以发挥时间的最大效率，以最少的时间取得最佳的效果。所以，好的教学方法应该是高效低耗的，至少能在规定的时间内完成教学任务，实现具体的教学目标，并能使教师教得轻松，学生学得愉快。教师应力求选用这种经济有效的方法，而那些耗费时间和精力过多，又不利于学生发展的方法是不足取的。这种优化选择可以是方法的恰当选择和合理配合，例如，当教学时间不够充裕的时候，就不能选择费时过多的发现法，而应采用比较省时的讲授法，有时还可配合图表等的展示。设备条件也会影响教学方法的选择。现代科学技术手段向教学手段的渗透和转化，扩展了教学活动的时空，引起了教学方法的相应变化。随着以计算机为中枢的教学机器的发展，人机对话的方法、人机讨论的方法等新式的教学方法将越来越丰富，越来越复杂。如果学校没有合适的电教设备，就只好舍弃这些教学方法。

以上我们论述了选择教学方法的主要依据，除此之外还有诸如各种教学方法的职能、特点、适用范围和使用条件等因素，也影响到对教学方法的选择与取舍。教学方法的效益在很大程度上取决于各方面的协调作用。选择运用教学方法的实质，就是要最大限度地发挥教师、学生的潜力，发挥师生之间配合的效益，达到教学的高效率、高质量。由于教学方法受制于教学系统中的各个要素，而教学系统中的各个要素又在不断地发生着变化，这就必然引起教学方法的适应性的改变。所以，教学方法的选择不可

能一劳永逸。 随着教学系统中要素的变化，教学方法的选择必须在新的情况下再次进行。

(二)选择教学方法的原则

选择运用教学方法要遵循一定的原则，而不能仅凭直觉、想象或盲目的尝试。 教学方法优化选择的原则主要有多样性原则、综合性原则、灵活性原则、创造性原则。

1. 多样性原则

教学方法的两重性要求教学中要选择和运用多样的教学方法。 教学实践证明，每种教学方法都有其适用范围、使用条件及其功能，在教学过程中没有一种教学方法是万能的或孤立存在的，每种教学方法都有其突出的优点，也有不足之处。 例如，问题探索法，运用它可以发展学生的智能，培养学生创造性的认识能力，有助于独立地、更深刻地掌握知识，有助于发展创造性的工作态度以及独立性、积极性、自觉性等个性品质。 但运用问题探索法也有缺点。 其缺点是学习教材耗费时间太多，在形成实际操作的技能和技巧时，当要掌握的教学基本上是新内容时，当学生还缺乏独立探索所需的知识和能力时，当学习内容比较复杂时，运用问题探索法效率就比较低。 它必须与谈话、讲解等其他方法配合使用才能收到良好的效果。 为了更好地完成教学任务，实现教学目的，必须坚持运用多种教学方法。

实践证明，在教学过程中，学生知识的获得、能力的培养、智力的发展，不可能只依靠一种教学方法，必须把多种教学方法合理地结合起来。 多种教学方法的合理结合，首先是由于教学内容、教学对象条件各异，所采用的教学方法不同。 复杂多变的教学活动要求教学方法必须多样化。其次是由学生积极参与教学活动的需要所决定的。 心理学研究证明，单一的刺激容易产生疲劳，如果一节课或一个教学阶段只采用一种教学方法，那么学生就会疲劳；如果采用多种教学方法，就能调动各种感官参与教学活动，提高学生学习的积极性。 再次，是由各种教学方法的性质和作用所决定的。各个教学方法有各自的适应性，又都有各自的局限性。如观察法有利于敏锐的观察能力的培养和形象思维能力的形成，讨论法有利于分析能力和解决问题能力的培养。因此，教师要博采众长，综合地运用教学方法。

2．综合性原则

综合性原则是要求在教学中全面地、整体地、辩证统一地看待教学方法。它具体表现在以下几个方面：

（1）教法与学法的统一

教学活动是师生共同参与的双边运动，教学过程不仅要有教师的活动，而且还要有学生的活动，也就是要有教与学的统一。反映在教学方法上，就是教法与学法的统一。在教学方法的结构中应反映出教师活动和学生活动的统一性。教法促进学法形成，学法促进教法发展，这应是教法与学法辩证统一关系的实质。教和学的统一在教学中是有规律的，二者在相互联系中都发挥作用，才能使教学收到预期的效果。

（2）要注意方法体系

要注意教学方法的不同分类。例如，本书已讨论过的依据方法层次特点的教学方法分类和依据教学方法内容要素的教学方法分类。巴班斯基从综合的观点出发将方法分为三大组，每组都有几个层次，形成一个教学论中的方法体系：第一组，组织和自我组织（实施）学习认识活动的方法。它包括按传递和接受教学信息分，有口述法（叙述、讲解、谈话、讲演）、直观法（图示、演示）、实际操作法（各种练习、试验活动、教学生产劳动等）。按逻辑分，有教学中的归纳法和演绎法，分析法和综合法。按掌握知识时思维的独立性程度分，有在教师指导下的学习活动方法（包括使用教学机器）、学生的独立工作方法（读书作业、书面作业、实验室作业、完成劳动任务等）。第二组，激发学习和形成学习动机的方法。它包括形成（自我形成）认识兴趣的方法、形成（自我形成）对学习的义务感和责任心的方法等。第三组，教学中的检查和自我检查方法。它包括口头的、书面的和实验室的、有程序和无程序的、用机器和不用机器的、检查和自我检查。 各种分类分别从不同角度体现教学方法的实质,站在教学整体的高度综合各种教学方法,既反映教学方法本身的多质性和多侧面性,又反映不同教学方法的个性和共性;既突出教师教的方法,也强调学生学的方法;既反映教学方法在某一教学情况下的适用性,又反映它在这一情况下的被选择性。 选择运用教学方法,必须把握教学方法整体系统,在教学中才能做到有针对性的选择和合理的配合。

(3)充分发挥教学方法的多种功能

选择教学方法时,必须认真分析各种方法的职能、应用范围和条件。教学实践证明,每种教学方法都有其适用范围、使用条件及其功能,在教学过程中没有一种教学方法是万能的或孤立存在的,每种教学方法都有其突出的优点,也有不足之处。 正如前苏联教育理论家巴班斯基所说:"每种教学法按其本质来说都是相对辩证的,它们既有优点又有缺点。 每种方法都可能有效地解决某些问题,而解决另一些则无效,每种方法都可能有助于达到某种目的,却妨碍达到另一种目的。"教学方法选择的综合性原则要求教师综合地考虑教学方法的教养、教育、发展的功能,在此基础上恰当选择和合理配合教学方法。 寻求各种教学任务之间的相互联系,整体地考虑教学方法,优化教学,提高教学效率。

3.灵活性原则

教学方法的丰富性,教学活动的多变性,决定了教学方法选择的灵活性原则。 要善于灵活运用教学方法,取得最优教学效果。 不同的教学方法及其不同组合有时可以达到同样的教学目的,所以,方法具有替补的可能性。 教学中要根据情况灵活地选择运用。 多变的教学活动,要求教师能够做到随机应变。 例如,教师运用谈话法教学,如果发现学生已经理解了所讲知识,就应该改谈话为练习,通过练习法使学生掌握知识、形成能力。 运用某种方法实施教学时,由于情况的改变,有时需随之变化方法要素。 例如,当教师运用讲授法上课时,教师唱"独角戏"时间过长,就会使学生昏昏欲睡。此时，教师就应该增加趣味语言，以引起学生注意，或提出问题，使学生产生疑问。教学过程本身是一个动态过程，从教学过程内外诸多因素的关系来看，教学方法又是一个变量。虽然教师在备课时根据教学目的、任务、内容和学生实际设计了某种教学程序或具体的教案。但是，在教学实际活动中，存在着各种变化。教师必须注意随时调整。要求教师在备课时尽量估计教学活动中可能出现的新情况，准备应变办法。上课时，还要根据教学过程的实际情况，灵活地、创造性地掌握教学进程，以争取获得最大的教学效果。

4．创造性原则

创造性原则要求在教学中对已有教学方法进行改造、组合，使之发生随机变化，从而发挥最大功能。这就要求教师发挥其长处，发挥自己擅长的教育技巧，通过各种途径，实现教学方法的创造。

（1）通过要素变化实现教学方法的创造

教学的发展，必然带来教学方法的变化。教学方法的创造有时可通过要素变化来实现。例如，古老的讲授法在发展中，教师不断发挥创造性，使其增加新的成分，不断剔除其不合理因素，使之在教学中减少消极影响。以启发式思想为指导，讲授法中设疑启发的因素多了，从而唤起了学生的学习兴趣，激发学生的求知欲，启发学生独立思考，使他们的学习收到举一反三、触类旁通的效果。同过去的讲授法相比，今天的讲授法已发生了极大的变化。

（2）通过方法的组合来实现教学方法的创造

每个教学方法都有各自的适用范围和使用条件，就其本质来讲都是一分为二的，它们各有其积极方面和不足之处。教学方法作用的发挥，受制于教学过程诸多因素。因此，选择教学方法时，必须认真地分析各种方法的应用范围和条件，通过方法的有机结合来实现教学方法的创造。方法的组合，可以使不同的方法结合起来，强化积极方面，弥补消极方面。方法的组合，有时会产生新的方法（或模式），例如，上海育才中学的"读读、议议、讲讲、练练"的八字教学方法,组合了讲授、谈话、自学、练习等不同的教学方法,形成了新的方法。

(3)张扬教师的个性,实现教学方法的创造

教师的某些特长(擅长绘画、讲故事)或某些弱点(不善于口头表达),是选用某种或舍弃某种方法的根据,选择教学方法不仅是要看某一教学情况要求使用什么教学方法,还要看哪种教学方法能够更好地发挥教师个人的特长,创造性原则要求教师在选择教学方法时,完成自己独特的选择,使经过选择的教学方法能够充分表现自己的能力和专长,使教学涂上鲜明的个性色彩。

第二节　教学方法的历史演变

教学方法的产生与发展,受到许多因素的影响,各个时代的教学方法除了继承以前的教学实践中行之有效的方法之外,还有一些反映某一时代特征的具有代表性和倾向性的教学方法。 这些教学方法反映了当时历史时代的社会生活和文化科学发展的概况。

一、古代的教学方法

在原始社会,人的最大愿望是生存,学校还没有产生,没有专门的教学活动,教育与社会生活是融为一体的。 教育内容多是传授生产劳动过程中的经验和技术,同时还有礼节、仪式、风俗、习惯、宗教等方面的教育,所采用的教学方法是简单的口授相传、身手示意和学者倾听模仿。 这是以后学校教学方法体系的萌芽。

在奴隶社会和封建社会,产生了学校,有专职的教师和学生,教学活动是学校里的基本活动,教学内容由具体经验转为抽象知识。 口授法、身

手示意法和模仿法进一步擅变和发展的同时，人们在实践中探索出一些新方法，形成了具有古代特色的教学方法体系。

首先，口授法发展为讲授法和讲读法。口授法与讲授法都突出教授者的语言，但口授法是随时随地、随心所欲地进行，具有随机性、零散性。而讲授法具有相对固定性、系统性。讲授法与讲读法相比也有区别，讲授法强调教者的语言和传授知识经验的系统性、连贯性，讲读法则注重传输方法的变换，而且开始关注到学生的学习活动了。可见，从口授法到讲授法再到讲读法，是一个逐步演变发展的过程。

其次，身手示意法发展为直观法、演示法。身手示意法仅仅是教者自身的示范，而直观法、演示法在教师通过语言、体态的直观演示外，还包括实物演示直观和模像演示直观等。由于当时的物质和科技水平非常有限以及教学观念的落后，所以古代的直观法和演示法是很简单的、低水平的。实物教学、现场参观模像演示没有得到应有的重视，甚至未实施。

第三，模仿法发展为背诵法和练习法。与模仿法相比，背诵法和练习法更注重目的性和发挥学生主体的能动性，所以较先进。除此之外，教学方法还有读书法、棍棒鞭挞法、强迫记忆法、提问法、谈话法、讨论法、启迪法等。

从总体上说，在我国古代，讲授法和背诵法是教学过程中最基本的方法。教师在运用这两种教学方法的过程中，强行灌输，命令学生死记硬背，先记住后讲解是教学常规，戒尺和板子是教师手中必备的教具。所以，我国古代的学校教育以机械灌输、强迫记忆和压服惩罚为主流。

我国古代的教育家们还提出问答法、讲解法、读书法、讨论法、启迪法、因材施教、知行合一等教学方法。比如孔子是世界上提出和运用启发式教学法的第一人，在《论语》中体现了他教学中运用问答法和讲解法的情况。因材施教、知行联系、学思结合、言传身教等教学方法都对后世有深远影响。随后魏晋南北朝的讨论法、隋代的言志法也产生了一定影响。但是隋唐以后，科举制作为选拔人才的制度实行了1300多年，《五经》、

《四书》成为特定的教学内容，教学方法走向严重的机械记忆和背诵。即使是这样，我国教育家仍努力对教学方法进行改革和创新，宋代许多教育家提出了关于教学方法的见解。例如，朱熹提出要"穷理"与"笃行"并重，要熟读精思；张载的因材施教法和循序渐进法；胡瑗的讲授与自学辅导结合法、直观教学法、游戏教学法和游学考察法；王守仁的"知行合一"等，这些方法对后世的影响是深远的。古代教育家们许多教学方法的提出和实践，是对古代学校实施的主流方法的改革和创新。

在西方古代，古希腊的苏格拉底用提问和辩论的方法去传授知识，探求真理，他把这种方法称为助产术。苏格拉底教学方法的思想影响力颇大，柏拉图和亚里士多德都运用了辩证的教学方法，而且亚里士多德对苏格拉底的辩证法作了最大的改进。古罗马昆体良提出了模仿、接受理论的指导、练习三个递进的学习阶段，并在《雄辩术原理》一书中阐述了一般教学方法有讲授法、问答法、练习法等，还有关于学科教学法。由此可见，中西方古代的普通教学法是基本相同的，但西方学科教学法的出现则比我国早，从而进一步丰富了古代教学方法的体系。

西方进入封建社会，教学方法有了相应的改变。基督教领袖之一圣奥古斯丁(354—430)对当时形式主义的教学方法强烈反对，他主张激发学生的学习动机，让学生通过行动而不是遵守规则来进行学习。但是，由于罗马帝国面临灭亡，当时的人们和社会对圣奥古斯丁的警告无暇顾及。在欧洲中世纪，当时教学方法主要是保全文化的手段，那时模仿和记忆又重新成了基本的教学方法，因而教学方法没有什么发展。

中世纪大学出现之后，教学方法才开始有了比较系统的发展，原因在于天主教会吸纳古希腊和古罗马哲学为神学服务，因而引发了对哲学的探究。当时著名的经院哲学家阿培拉德(1079—1142)和圣托马斯·阿硅那(1225—1274)都认为，教师要把学生看作教学的主要力量。没有学，就没有教，学习是由学习者发动的自我活动过程，教学应建立在学生已有知识经验和潜力的基础之上。于是教学方法重视运用演绎推理和归纳总结。

一般认为,国外古代的教学方法具有如下主要特点:重教法轻学法;重强制轻合作;重记忆轻理解;重文字轻实践;重灌输轻启发;只重视教的设计,忽视学习心理,无视儿童与成人的身心差异,存在严重的弊端。

古代教学方法随社会历史的发展不断地得到改进,但仍处于低级工具性实用水平阶段,它还没形成系统的教学方法体系。由于种种原因,一些好的教学方法未能被大众接受,在教育实践中影响不大,但是古代教学方法仍为教学方法的进一步发展提供了坚实的基础。

二、近代教学方法(17世纪至二战前)

17世纪捷克教育家夸美纽斯主张实行班级教学法,反对当时盛行的个别教学法。他是第一个试图按科学的原则研究教学方法的人,同时他也是首先把教学当作一门艺术来进行研究的教育家。在《大教学论》中,他专章论述了"教与学的一般要求,即一定能产生结果的教与学的方法"、"教与学的便易性原则"、"教学的简明性与迅速性原则"、"教与学的彻底性原则"以及学科教学法,即"科学教学法"、"艺术教学法"、"语文教学法"、"道德教学法"。每种教学法又提出了若干条规则。他在教学艺术中,很强调实际训练法,主张让学生从写字中去学写字,从谈话中去学谈话,从锻炼中去学锻炼,从唱歌中去学唱歌。夸美纽斯还提出了通过感觉器官来帮助思维的独特的教学方法,他建议学习过程应从学生的感觉开始,待学生有了牢固的感觉印象后,教师再要求他们记忆,然后再从记忆到理解,从理解到判断来进行。在教学中的顺序应是先实物后语言,先实例后规则,把归纳和演绎作为教学的基本方法。夸美纽斯的观点通过《世界图解》获得很大的成功,并在以后的一辈人中得到贯彻和发展,他们主张利用儿童对周围的具体事物的感觉进行教育的方法具有革命性的意义。

感觉实在论对现代教学方法的贡献确实很大,但感觉只是人们本性的一个方面,另一方面与感觉密切相关的是情感领域,卢梭(1712—1778)在这方面研究较多,贡献较大。卢梭认为,教学应该根据儿童的兴趣和爱好来进行，要尊重儿童的天性，而不是强迫命令他们集中注意和坚持学习。在教育过程中应少知多做，因而自由教育是卢梭教学方法的一个重要部分。但是自由教育这种方法也有缺陷，它主张儿童在经验教训中学习，事事都让儿童自己经历，这样使儿童从他人和现时的经验中学习的机会大大减少。

19世纪上半期，是教育史上教育方法改革的丰收时期。著名的瑞士教育家裴斯泰洛齐认为，教师应该从学生对课堂上的实物的印象开始教学，学生可借助实物教学补充具体经验以提高理解力，他坚持学生的自我活动是学习的中心，在教学过程中主张用快乐教学代替竞争教学，授课的顺序是从简单到复杂。裴斯泰洛齐还主张用温和纪律对待学生，使学生感到学校像家庭一样，充满友爱精神。导生制教学方法是当时很流行的一种新教学法，是裴斯泰洛齐学派的主要竞争对手，它分别由英国人倍尔（bell，A1753—1532）和兰喀斯特（lancaster·J1778—1838）推广实行。导生制的实质是教师先教导生，导生转而去教他手下的学生，它既是教学方法，同时又是教学组织管理方法。导生制在完成其历史使命后，很快就退出了历史舞台。

德国的赫尔巴特明确提出应根据受教育者心理活动的规律去规定教学的过程，他认为教学必须使教师在传授新教材时能在学生的心灵里唤起一系列已有的观念。他的理论产生于联想主义心理学，即"统觉论"，他用统觉把教学过程分为"明了—联想—系统—方法"四个步骤，以后他的弟子齐勒和莱因，把它发展为"预备—提示—比较—总结—应用"五个阶段，即所谓的"五段教学法"，成为19世纪欧洲教学中的一个重要教学模式。与此相适应的教学方法是"叙述—分析—综合—应用"。赫尔巴特注重学生"多方面兴趣"的建立，这样可以促进以后的讲解，又可提高学生的学习动力，赫尔巴特的教学方法使教学得到了改进，质量得到了提高，对教学方法的发展具有重大的历史意义。

德国的福绿倍尔注重儿童天性的自我表现和自我活动规律，他认为赫尔巴特所设计的教学程序限制了学生的自我活动，教育的目的是引出而不是注入，是创新而不是模仿，主张在幼儿教育中进行游戏教学，他认为这是激励儿童自发的自我活动和自我表现的最佳教育方法。此外，他还主张实物教学法。1851年，他在与凡哈根(Varnhagen)讨论教学方法问题时说：“我的教育方法从开始就让学生有机会从事物中收集自己的经验，用自己的眼睛观察……从人类世界的真正生活中去认识。”

第斯多惠对近代教学方法的研究也有所贡献。他十分重视传授知识的方式或方法，他认为好的教学方法应该符合两个条件：一是应符合教学的主体，即符合学生的年龄特征；二是应符合教学的客体，即符合学科的性质，因此他强烈主张采用启发式的谈话法进行教学，并认为它是教学的基本方法。采用这种方法能体现学生是教学的主体，通过学生自己的观察、思考、探索去发现新知识，形成新概念。此外，他还提出了教学有法但无定法的观点。第斯多惠对近代教学方法作出了贡献，对教育产生了巨大影响。

19世纪末和20世纪初掀起了欧洲新教育运动和美国进步教育运动，它们主要是以改革旧学校教育的内容和方法为主要目标，特别注重自由、活动和表现。这个时期的主要代表人物是杜威，在教学方法领域中杜威的“活动教学法”影响尤为显著，他主张“以儿童活动为中心”，反对教材中心、教师中心和传统的课堂教学，重视学生的生活经验，通过“从做中学”来调动学生的积极性，促进他们的生长，并由此产生了许多教学方法，如“问题教学法”、“设计教学法”、“道尔顿教学法”、“文纳特卡教学法”等。在教学过程中，杜威所设计的教学模式为：①从情境中发现疑难；②从疑难中提出问题；③作出解决问题的各种假设；④推断哪种假设能解决问题；⑤经过检验来修正假设，获得结论。人们把它统称为“问题情境法”或“五步教学法”。

我国20世纪初期，由于西方教育的蓬勃发展，中国也受到了一些影响，通过翻译著作经日本把赫尔巴特的教学法介绍到中国，邀请杜威来中国讲学，宣传他们的实用主义教育思想。中国在接受学习西方教学方法的同时，也相应做了一些革新，力图寻求适合中国所用的教学方法体系。当时在学校中曾运用的新的教学方法主要有陶行知教学做合一教学法、陈鹤琴的活教育的教学法、导生传习教学法、分组编制教学法、启发式教学法、社会化教学法、德可乐利教学法、莫礼生单元教学法。其中，后三种方法是从国外引进的。在革命根据地所采用的新教学方法主要是启发式教学法、研究法、讨论法、实验法、精讲多练法等。

近代教学方法的不断发展，已基本上形成了教学方法的理论模式，新旧两种教学方法同时并存，为促进教学方法的大变革奠定了坚实的理论基础。

三、现代教学方法（二战后至今）

由于种种原因，新教育运动和进步教育运动形成的现代教学方法的实施结果却使学生整体水平下降。针对这种情况，20世纪30年代，出现了新的传统教学派，如要素主义、永恒主义等。要素主义强调系统的学习和智力的陶冶，在教学过程中应充分发挥教师的权威作用，教师是教育宇宙的中心，学习者的兴趣和目的是由教师培养出来的。所以，教师应重视对学生的严格训练，采用严格的学业成绩考核。永恒主义则不重视教学方法的改革，排斥现代科学技术和现代化教学手段，听、讲、阅读、背诵是主要的学习方法。永恒主义强调学生的刻苦努力，主张学生在听课时积极思考，要求学生养成良好的读书习惯，提倡交谈和讨论。20世纪40年代，以凯洛夫为代表的主智主义也是典型的传统教学派，他把教学过程分为"感知—理解—巩固—运用"四个阶段，提出叙述、讲演、谈话、演示、参观、阅读书籍、实验、观察、练习、复习等教学方法，认为教学方法要以教师为中心、课堂为中心、教材为中心。然而，现代教学派也在努力地自我革新，于是，出现了建构主义、行为主义、人本主义等学派的教学方法。

20世纪20年代开始，以皮亚杰为首的日内瓦学派创立了建构主义的发生认识论。对于卢梭强调的学校教育应该适应于儿童的观点，皮亚杰十分推崇，但由于没有发生心理学为基础，所以卢梭未能形成新的教学方法的理论体系。皮亚杰指出新方法无疑是来源于现代发生心理学这个伟大的运动。他进一步要求对传统教学方法进行改革，在考虑儿童本身特性，并且要在个人心理结构的规律和关于个人发展的规律的基础上建立新的教学方法。由此，他提出了活动法、冲突法、社会交往法等新的教学方法。

20世纪50年代，以斯金纳为代表的行为主义学派对程序教学法的产生与发展做出了决定性的贡献，引发了教学方法的一系列变革。程序教学法是教师根据教学目标，选择、组织和准备教材，设计、解释、提示或提问教材，这些过程就是编序。编序的目的在于使教学提高效率。但它的主要缺点是带有很强的机械意味。

人本主义学派是20世纪50年代开始流行起来的一个派别，以马斯洛和罗杰斯为代表。马斯洛提出的需要层次说，为教学方法的运用中如何诱发学生的动机提供了依据。他主张在教学方法上，让学生自我选择、自我发现。罗杰斯将其人本主义思想运用于教学，提出了以学生为中心的"非指导性教学模式"，构建以教会学习为主的教学方法论。认为只有学生自己发现、学到的知识才是有意义的。教师要教好学生，除了具有必需的情意因素外，还需要组织好教材，以便于学生自己学习；要善于辅导，辅导的艺术在于恰当的启发；提供必要的学习材料；创造一切条件，让学生自己学习。20世纪60年代，布鲁纳大力提倡并广泛地应用发现法，他认为，发现学习就是以培养探究性思维方法为目标，以基本教材为内容，使学生通过再发现的步骤来进行的学习。

此外，20世纪50年代以来，国内外一些心理学家、教育学家在教学改革实验中，还创造了许多新的教学方法。较著名的有前苏联赞可夫的实验教学法，美国施瓦布创用的探究教学法，巴班斯基根据系统论原理提出的"教学过程最优化"教学法，前苏联教师沙塔洛夫创造的"纲要信号"图示教学法，美国布卢姆的掌握学习教学法，美国奥苏贝尔的"有意义的接受学习"教学法，德国 M·瓦·根舍因创用的范例教学法，保加利亚的乔治·洛扎诺夫首创的暗示教学法。

我国自 20 世纪 50 年代至今，一直沿用凯洛夫《教育学》中所提到的讲述、谈话、演示、观察、实验、参观、读书、练习、复习等常用的教学方法。另一方面，又积极地开展一系列的教学方法改革试验，创用了许多新的方法。影响较大的教学方法有集中识字教学法、"八字"教学法、分解识字教学法、六课型单元教学法、自学辅导教学法、学导式教学法、尝试指导和效果回授教学法、学识结构单元教学法、愉快教学法、尝试教学法、六步教学法、情景教学法、引探教学法、引导发现法、渗透教学法、主体性教学法、活动教学法、协同教学法等。我国在积极创用新方法的同时，在中小学教学实践中也大胆引进试用国外新的教学方法，如掌握学习教学法、发现教学法、程序教学法、暗示教学法、"纲要信号"图示教学法、问题教学法等。

特别值得一提的是，现代教育技术的迅猛发展，加速了教学方法革新的步伐，使传统的教学方法快速走向现代化。尤其是计算机涉足教学方法领域，使教学方法体系焕然一新。如远距离教学法、开放教学法、多媒体组合教学法、计算机辅助教学法、计算机辅助练习法、网络教学法等，解决了传统教学方法所不能解决的一系列教学难题，迅速而高效地提高教学质量。目前，随着教育技术，特别是计算机技术瞬息万变的高速发展，如何进一步借助现代教育技术来改进和优化教学方法，仍然是值得我们深入探讨的重大课题。

第三节 现代教学方法的特征与发展趋势

一、现代教学方法的基本特征

（一）目标追求的综合性

目标追求的综合性是指现代教学方法不仅重视知识的传授、重视教学过程中认知目标的实现，而且重视情感、技能等非认知目标的实现。教学方法是实现教学目标的方式和手段，任何教学方法总是和一定的教学目标相联系的。传统的教学方法往往偏重认知领域的目标，强调通过基础知识的传授和基本技能的训练完成教学的知识传授任务。而现代教学方法则越来越注重教学目标追求的综合性，即不仅追求认知教学目标的实现，而且追求情感、技能等各种教学目标的全面实现。这是现代教学方法的一个显著特征。例如，前苏联马赫穆托夫等人推崇的问题教学法就是一种通过师生合作共同解决实际问题、启发学生思维，以达到培养学生解决问题能力为目的的教学方法。美国教育家布鲁纳提倡的"发现法"、我国教育家创造的"学导式教学法"以及教学改革实践中出现的"自学辅导教学法"等方法，都无一不把发挥学生的潜能、追求学生智能的培养作为教学方法的重要目标。同时，如保加利亚心理学家洛扎洛夫的"暗示教学法"、我国小学特级教师李吉林提出的"情境教学法"等，不仅重视认知目标的实现，还重视教学中非智力因素的影响，强调教学的情境性，追求教学的情感等目标的实现。即使一些以讲授方式为主的现代教学方法，如"言语讲授和有意义学习教学法"、"范例教学法"等，它们追求的也不是传统的、单一的教学目标，而是注重发展学生智能、掌握知识内在联系等各方面的教学目标。 现代教学方法追求目标的综合性，并不是说任何一种现代教学方法都能综合实现各种教学目标，而是各种教学方法都有自身的侧重点。 现代教学方法追求目标的综合性，摒弃了传统教学方法目标追求的层面性、单一性，体现了现代教学方法目标追求的兼容性、综合性，反映了现代教学理论在方法论层面上的更新，顺应了现代社会对人的培养的新要求，有利于学生综合素质的提高，也有利于学生的全面发展。

（二）活动方式的多边性

活动方式的多边性是指现代教学方法运作过程中，师生活动的方式是多方位的。 不仅有教师向学生传授知识的活动，有生师、生生、师师之间的活动交流，还有师生和其他教学因素之间的活动交流。 传统的教学方法忽略了教学活动方式的多边性，往往将教学看作教师的单一活动，学生处于被动接受的地位。 现代心理学研究表明，多向交往是一种师生沟通与同伴交往相结合的类型，是效率最高、成员最易形成交往技能、团体气氛最好的一种沟通模式。 因此，现代教学方法应该采取多边的活动方式，强调教学活动的多向互动，提倡师生、生师、生生甚至师师之间的沟通和交流，以最大限度地发挥教学过程中相互作用的潜能。 教学方法改革的实践也表明活动方式的多边性是现代教学方法的又一个显著特征。 现代教学方法不仅依然重视教师传递输送信息、控制教学活动，更重视学生主体性的发挥，强调让学生学会学习、学会交流，注意学生的反馈。 例如，洛扎洛夫的"外语暗示教学法"以高效、愉快著称，这种教学方法离不开大量的师生间的交流，学生之间的互动。 如课堂上角色的扮演、游戏、讨论、讲解。 还有问题教学法等各种现代教学方法的实施环节上几乎都可以找到这种活动方式的多边性。 传统的课堂相互作用理论，只限于教师与学生群体的彼此影响，否认了学生同伴之间的相互影响，而且将学生之间的互动看作是带有消极作用的破坏力量。 这种把教与学的过程只看成是师生的双边活动，实在是过于简单化了。 随着现代教育技术手段在现代教学方法中的普遍使用，教学内容呈现方式的发展，现代教学方法活动方式的多边性，正在逐步走出单纯的活动交流方式的范围，增加了教学主体与其他教学要素之间的交流活动，如程序教学中的人机对话的活动交流方式等。随着科学技术的进一步发展，特别是高科技在教学过程中应用的发展，现代教学方法中活动方式的多边性将更为丰富多彩。

（三）互动交流的情感性

互动交流的情感性是指现代教学方法更加注重方法运用过程中师生互动交流的情感因素，并使这种情感因素成为推动教学进程、沟通互动交流、影响教学效果的重要因素。传统教学方法在运作的过程中过分偏重学生的智力因素在教学过程中的作用，片面强调教学的严肃性、科学性、思想性，忽视师生互动交流过程中情感、意志等非认知因素的作用，使本应轻松的课堂教学变得死气沉沉，加重了学生学习的心理负担。现代教学方法不仅重视学生的认知因素，而且注重学生学习兴趣的培养、学习动机的激发，注重教学环境情感因素的激发和创造。现代教学方法重视师生互动交流的情感因素是因为人类的学习活动与情感活动是密不可分的，心理学的研究表明，人的情绪状态影响他的动机，影响他的知觉状态。正如我国学者朱小蔓等人认为："情绪是儿童这一生命体中的重要能量。儿童的学习活动，是一种情绪的唤醒和有一定兴奋状态的唤起。随着情绪唤醒水平的上升和警觉反应水平的提高，整个学习过程的智能操作效率达到最佳状态。"现代教学方法中，最注重情感性因素的是保加利亚心理学家洛扎洛夫的暗示教学法。还有如探究—研讨教学法、发现教学法、问题教学法以及近年来我国中小学界创造的情境教学法、愉快教学法等，在实际运用过程中都十分强调学生学习动机的激发、学习兴趣和探究精神的培养，重视教学过程中师生的情感体验和情感性因素的激发、培养。随着现代教育教学改革的深化，情感本身也成为教育教学追求的目标之一。按照美国心理学家布卢姆的教育目标分类方式，可以把教学过程的情感结果划分为 5 个层次。因此，情感性成为现代教学方法追求的境界之一。

（四）运作过程的探究性

运作过程的探究性是指现代教学方法不仅重视让学生从教师的传授中获取知识和技能，而且更注重在教学方法运作过程中让学生在教师的引导下，通过自身的探讨、研究创造性地获取、掌握知识，同时发展自己的能力，从而把学习和掌握知识的过程变为探究知识和发展能力的过程。传统的教学方法中，学生就像是一个存储知识的容器，处于被动接受的地位，无法发挥学习的积极性和主动性，更无从发展他们的创新能力。只是通过教师的传授获取知识，通过模仿活动接受现成的知识和技能。现代教学方法与传统的教学方法相比，在如何让学生获取知识或者说学生通过何种方式去获取、掌握知识方面变化很大。

现代教学方法中，教师不再是命令学生学习，而是教授学习的方法，鼓励和指导学生的发现过程，培养学生自我教育的能力。从而使传统的、被动接受的学习过程变为积极主动地去探索、研究、发现的学习过程，并使教学的运作过程打上了创造性的标记。布鲁纳的发现法非常典型地体现了现代教学方法的探究性，正如日本教育心理学家大桥正夫评价的那样：“发现学习就是以培养探究性思维的方法为目标，以基本教材为内容，使学生通过再发现的步骤来进行的学习。”因此，有些教材、书著则干脆将发现法称为探究法。芝加哥大学教授施瓦布倡导的“探究—研讨教学法”也十分强调运用探究的过程培养学生的创造力。这种教学方法主张让儿童自主地抓住自然的事物、现象，通过探究自然的过程，获得科学知识，同时在这个过程中培养儿童的探究能力，培养儿童探究未知世界的积极态度。还有如问题教学法、程序教学法、学导式教学方法等一些现代教学方法，都在一定程度上，以不同的方式体现、反映出现代教学方法运作过程的探究性的特征，无一例外地将调动学生学习的积极性、主动性，发展学生的智能，培养学生探究的态度和能力放在重要位置。

(五)选择、使用的科技性

选择、使用的科技性是指现代教学方法在选择使用的具体方式和手段上更多地表现出现代科技成果在教学上的运用，包括理念形态的和物化形态的科技成果在教学中的运用。 传统的教学方法，如讲授法、谈话法，大多以语言和原始形态的手段，如粉笔、黑板为媒介，也很少对教学对象进行科学的研究，教师往往以机械、朴素的方式，在经验描述的水平上选择和使用教学方法。 因而传统教学方法的科技含量较低，教学的效率较差，教学的效果也往往不尽如人意。

现代教学方法是在社会发展和科技进步的基础上产生的。 心理科学研究的新成果使人类对自身的认识更为全面、系统、深刻，奠定了现代教学方法的理论基础；现代科技的发展为教学方法提供了更富表现力的技术支撑，这些科技成果在教学过程中的广泛运用，使得教学方法的选择和使用呈现出多姿多彩的前景。 因此，科技性成为现代教学方法的又一重要特征。 以行为主义心理学为基础的程序教学法和现代教学手段——教学机器的运用紧密地结合起来；洛扎洛夫提倡的暗示教学法，则是以无意识心理学为基础的，特别强调"愉快而不紧张"的原则，同时，暗示教学法的使用，往往也离不开相应的教学技术条件。 随着科技水平的不断发展以及其成果在教学领域的广泛应用，特别是多媒体计算机技术的发展与广泛应用以及诸多教学软件和专家系统的不断开发，使得教学手段更逼真、更富表现力。 现代教学方法的科技性特征更为鲜明，而且这种科技性代表了现代教学方法发展的方向。 现代教学方法的科技性不仅带来教学方式和手段的变革，而且使教学方法的选择和使用突破了原有的空间。 教师不仅要考虑教学方法的选择，而且要考虑教学方法的优化组合，考虑教学方法和教学组织形式的整合协调以及由此带来的教学模式的革命和教学过程中交流、沟通的方式，教学工作环节安排的变革。 如黎世法教授的六课型单元教学法，涉及到教学方法间的组合；发现法将传统的传递—接受模式的教学变为"探究—发现"的模式；程序教学法的人机对话改变了传统教学方法中人与人对话沟通的方式；自学辅导教学法改变了教学工作环节的安排。 所以，现代教学方法的这种科技性促进了教学方法的优化。

二、现代教学方法的发展趋势

在教学改革实践和教学理论革新的相互推动下，人们从不同角度、不同方面对教学方法进行了全面的改革和实验，使现代教学方法体系呈现出了新的发展趋势。探讨这些新的动向与发展态势，对于我们有效地进行教学方面的改革，推动教学方法科学化进程，均具有重要意义。

（一）心理科学的研究成果已成为现代教学方法发展的重要基础和前提

18世纪以前，教学方法的研究和探讨大多停留在经验描述水平上。随着社会和科学的进步，近现代心理学的产生和发展，对教学方法的发展产生了积极推动作用。19世纪上半叶，以裴斯泰洛齐为代表，提出了"教育心理学化运动"，倡导教育教学工作要以心理学为基础，进而又提出了"要素教育论"，为创立分科教学法奠定了基础。与此同时，赫尔巴特也以观念心理学和多方面兴趣理论为基础，提出了教学过程的阶段和各阶段具体的教学方法。虽然这些理论主张还缺乏严密完整的科学体系，但对19世纪后的教学方法产生了重大影响。

20世纪70、80年代，心理科学研究达到了一个崭新阶段，尤其是学习心理学的研究趋于深入，人们越来越认识到，教学理论要进一步科学化，必须与心理学建立密切联系。只有二者相互渗透、互相促进，才能充分发挥教学的功能，更好地促进学生的全面发展。因此，心理学家不再停留在对教学实践进行心理学分析，而是把心理学研究成果直接用于教学方法的研究上。如美国心理学家普莱西根据心理学原理制造了教学机器；斯金纳根据其行为主义心理学研究成果提出了著名的程序教学原理；美国心理学家布鲁纳以结构主义认知心理学为基础倡导的发现教学法；保加利亚心理学家洛扎洛夫把暗示用于教学，提出了暗示教学法；前苏联心理学家赞可夫更是把发展心理学、个性心理学研究成果引进到教学理论研究领域，在教学如何促进学生发展研究上取得了重大进展。总之，现代教学方法在今天的每一步发展，都离不开心理科学的研究成果。

（二）现代教学方法的发展与教学实验紧密结合

20 世纪 50 年代以来，世界各国教学领域开展了各种各样的教学实验，并以此作为实现教学方法科学化的重要途径。以往依据教育史上的传统经验与理论去概括和阐述教学方法，这种方式具有经验主义、教条主义和空泛化、抽象化的弊病。所以，现代教学方法的发展与教学实验紧密结合，而且蓬勃发展。比如国外较为著名的有美国布鲁姆主持的"掌握学习"教学实验、前苏联赞可夫主持的"教学与发展"实验等。我国的教育教学实验，无论是在广度还是深度上也有很大进展，各种类型和方式的实验遍及全国，探索性、验证性以及单科、单项、整体的改革实验层出不穷。影响较大的教学实验有"注音识字，提前读写"实验、"中学数学自学辅导"教学实验等。这些规模大、范围广、类型多的教学实验，不仅促进了教学理论与实践的紧密结合，使教学方法摆脱片面性的束缚，建立了新的教育教学观念，还大大提高了现代教学方法的科学水平和理论水平，保证了教学方法的精确性和有效性。

（三）以系统整体的观点研究教学方法理论

随着现代系统科学的发展，系统论在教学领域得到了广泛应用，成为教学研究的重要理论基础。人们不再局限于就教学方法来研究、评价教学方法，而是用系统的方法来研究教学方法。这种观点，把教学过程看成是一个由教师、学生、目的、课程、方法、环境和反馈等相互依赖的教学要素组成、具有特定功能的有机系统。而教学方法则为教学系统中的一个重要因素，在教学过程诸多要素之间的相互联系中考查教学方法的作用与效果，并把它综合到教学过程的整体结构中，探索它如何调整师生活动，如何发挥自身的功能。这就大大突破了以往就教学方法本身研究和评价教学方法的局限性。与此同时，人们还用系统整体的观点，把现代教学方法本身看成一个有机的系统，不同教学方法的相互关系，不是排他性的，而是相互联系、部分重合、相互借鉴、取长补短、互相启发、互相促进的辩证关系。这就又强调了对现代教学方法多样化、最优化的研究。每种方法作为一个要素，均有各自的特点、范围和条件，它们在具体的情景中有机配合，发挥整体功能与作用，从而更好地使教学方法为全面完成教学任务、实现教学目标服务。

（四）注重教学方法在发展学生智能、培养学生非认知因素中职能作用的发挥

传统教学方法重视和强调它在传授知识中的职能作用，而现代教学的发展趋势是由传授知识为重心逐渐转移到以传授知识与开发智力的优化结合为重心，逐渐转移到以打好基础、开发智力、培养能力为重心。这是因为科技的飞速发展，迫切要求学校把发展学生的智力和能力放在教学的重要位置。要完成这个任务，教学方法发挥着直接的职能作用。不论是启发式或者是暗示法、发现法的教学法，它们在全面地、综合地研究教学方法职能的基础上，开拓了传授知识与发展智力相统一的新途径。都注重调动学生的积极性，激发求知的欲望，使之不仅能学到知识而且学会独立获取知识的方法。

在教学方法走向现代化的过程中，伴随着教学理论发展不断科学化的进程，人们逐步认识到非认知因素作为认识过程中的动力系统，不仅对学习过程起着发动、维持、调节作用，决定着学习者的积极性水平，促进知识的掌握和智能的发展，同时还对学生形成良好的品德和积极的态度、树立远大的理想和坚定的信念有着巨大的推动作用。因此，现代教学已把它作为全面发展教育目标的一个极为重要的方面，也作为教学活动的一项极其重要的任务。培养学生的非认知因素必须同情意、情感相结合，心智发展必须同情绪发展相结合，其特点是特别强调教学方法的情趣性。从而通过基础知识、技能和技巧的掌握，促进智力、情感、意志、性格等内部心理特征的全面和谐发展。

（五）把研究学生的学习方法、培养学生的自学能力放在前所未有的突出地位

教学方法包括教师的教法和学生的学法两方面。但长期以来，传统教

学方法只重视研究教的方法，忽视对学生学习活动方式的研究。 改革教学方法就应以过去只研究教法逐步过渡到既研究教法，又研究学法，使教与学统一起来。 现代教学理论强调，要确立学生在教学过程中的主体地位，明确地主张把"教"建立在"学"的基础上。 教师将不再是现成知识的灌输者，而将发挥教学指导者的作用，成为学生学习活动的组织者、咨询者。 在改进教法的同时，通过多种途径对学生的学习方法进行有效的指导与培养。 "教会学生学习"已成为当今世界教育的重要口号。 基于此，现代教学方法不仅强调教与学活动的辩证统一，而且从学生是学习主体这一原理出发，非常重视研究学生的学习方法，注重培养学生的自学能力，并把它作为创立现代教学方法完整体系的前提条件。

第二章　以语言传递为主的教学方法

以语言传递为主的教学方法，主要是通过教师运用口语，向学生教授知识、技能以及学生独立阅读书面语言为主体的教学方法。教师和学生之间教与学的知识信息传递，主要是靠书面语言和口头语言的表述来实现的。这也是中国目前中小学教学过程中应用最为广泛的一类方法。这类教学方法在教学过程中主要有讲授法、谈话法、讨论法以及读书指导法等。

第一节　谈话法

一、谈话法溯源

谈话法是古今中外教育工作者广为运用的优秀的传统教学方法。谈话法最早可追溯到中国古代教育家孔子以及古希腊教育家苏格拉底的教育实践。他们使用的谈话法分别称为"启发"与"助产"。

(一)孔子的"启发"

孔子(公元前551年—前479年)常用富有启发性的谈话进行教学。他非常强调学生学习的主动性，认为掌握知识、形成道德观念应该是一个主动探索领会的过程。孔子的谈话法教学概括为："不愤不启，不悱不发。""愤"就是学生积极思考某一问题，急于找到答案但又尚未搞通时的矛盾心理状态。此时教师应启发学生思路，对学生思考问题的方法适时给予指导，这就是"启"。"悱"是学生对某一问题已经考虑一段时间，但尚未考虑清楚，处于想说又难以表达的另一种矛盾心理状态。此时教师应帮助学生理清思路，弄清事物的本质属性，然后用比较准确的语言表达出来，这就是"发"。继承孔子思想的儒学典籍《学记》中提出"道而弗牵，强而弗抑，开而弗达"，进一步阐明了孔子的谈话法。主张通过谈话启发学生思考，开导学生而不和盘托出，引导而不牵着走，勉励学生而不压抑屈从，使教与学之间的矛盾关系变得融洽，使学生对学习感到快乐而不产生畏难情绪。使学生在学习过程中真正做到了融洽、快意而又独立思考。

（二）苏格拉底的"助产"

苏格拉底（公元前469年—前399年）是古希腊著名的哲学家、教育家。他是运用谈话法进行教学的大师，他的著名的与欧提德穆斯的一段对话，是运用谈话法的典范。苏格拉底倡导的教学方法叫"问答法"，他自己把这种方法叫"产婆术"，后人也把此法叫"苏格拉底法"。他的具体做法是，在教学时，不是直接向学生讲解各种道理或传授知识，而是提出问题激发学生本人寻找正确答案，当学生提出问题或做了错误的回答之后，他也不直接进行纠正，而是使学生自己明白答案的荒谬，然后再进行多方启发，引导学生一步步接近正确的结论。如苏格拉底自己说的，他虽无知，却能帮助别人获得知识，正像他的母亲是一个产婆，虽年老不能生育，但能接生一样。苏格拉底把谈话法发挥得淋漓尽致，既活跃了听者的思维，又达到了良好的效果。

中国古代教育倡导具有启发性的谈话法。从中国古代启发式教学原则诞生之日算起，至今已经有2500多年了。直到今天，谈话法仍为世界各国教育工作者所喜爱，显示了强大的生命力。当今，各级各类教育也提倡，教学实践证明谈话法可以激发动因，启迪思维，举一反三，可以质疑引思，发展智能，可以愤启悱发，富有余味，可以开展研究，促进自学。随着社会的发展和教育科技的进步,谈话法获得了很大发展。 一般认为新型谈话法的特点是强调学生是学习的主体,实现教师主导作用与调动学生学习积极性相结合;强调学生智能的充分发展,实现系统知识的学习与智能的充分发展相结合;强调发挥内在的学习动力,实现内在动力的学习与责任感的学习相结合;强调理论联系实际,实现书本知识与直接经验相结合。

二、谈话法的内涵与作用

(一)内涵

谈话法是教师根据教材的实际和学生已有的感性经验或理性知识,有计划有目的地提出问题,引导学生积极思索,通过师生之间的对话得出结论,从而获得知识的一种教学方法,也叫做提问法或问答法。

谈话法也是启发式教学的具体化表现手段之一。 运用谈话法,教师是根据一定的目的要求,通过与学生口头交谈的方式,了解学生的内心思维活动。 在"学"的方面,这种课堂组织方式更能遵循学生不同个体的思考方式,通过教师的正确引导(不是灌输)发展了学生分析、思考、解决问题的自主性与独立性。 在"教"这方面,教师更能直接地了解学生的各个层次,甚至是各个层次的每个个体对知识理解、掌握的情况,有利于教师有的放矢地组织教学,及时调整授课内容的深浅度,针对性地培养不同层次学生的能力,实现以讲授教学内容为主向检查授课内容是否被学生所吸收为主转化,向实现课堂教学高效化迈进。

(二)谈话法的作用

同教师单向作用的传统教学 (注入式) 模式相比,谈话法要求师生多向相互作用,并通过师生之间和生生之间的多向相互作用,使教师与学生保持着直接的联系,有利于学生在短时间获得需要的材料。 而且教师能够当场解释学生的疑问或误解,可及时补充必要的授课内容,还可以收集到一般方法收集不到的谈话对象和情感反应。 这就极大地提高了学生的学习兴趣和主动性,并把学生的智力因素和非智力因素有机地结合起来。 正如教育学家赞可夫所说："教学法一旦触及学生的情绪和意志领域，触及学生的精神需要，这种教学法就能发挥高效作用。"

谈话法还是启发式教学在课堂上的一种具体表现形式。它可用于传授新知识，如一个新概念的建立、一个新命题的证明等；可以引导学生主动思维，搜索自己的记忆，寻找理论依据；可用于复习巩固已经学过的知识。例如，教师在对某一章的内容进行总结时，对本章最关键最重要的内容进行设问，起到纲举目张的作用，达到复习巩固的目的；用于个别难点教学、课堂练习和课下作业的指导，此外尚可起到组织教学的作用。

三、谈话法的具体形式

谈话法的具体形式很多，教师应该根据具体的教学内容、时间、教室条件、授课人数等采用不同的谈话式教学方法。但是就目前的教学条件和教学形式而言，常用的有如下几种：

（一）课堂提问式

这是一种利用学生心理因素的教学手段。教师在课堂教学过程中应适当提问学生。对于自尊心较强的学生，为了能正确回答问题，或者避免错误地回答问题，或答不出问题而失面子，学生会跟着教师的思路，积极主动思考。

（二）设问设答式

在课堂教学过程中，教师提出问题，为了给学生留下思考的时间，略微停顿一下。待学生思维跟上来以后，教师说出答案，学生自己验证自己的思路是否正确。

（三）设问齐答式

教师提出问题，学生同时回答。这种方法可能会使一些学生不动脑，没经思考，随声附和，但少量使用还是很有效的，此外还可以达到组织教学的目的。

（四）课堂讨论式

教师组织课堂讨论主要是针对一些需要系统思维和难度不大的问题，

从而充分调动学生的积极性，培养和提高学生集体解决问题的能力。最后教师再做总结、归纳。

（五）书面谈话式

教师在布置作业时，可以出一些思考题，让学生书面回答，培养学生的独立思考能力。

（六）课下谈话式

此种形式是学生利用自习课、课间或其他课外活动时间向教师请教各种问题。由于时间比较充足，教师可以先了解学生自己的想法，并可追问为什么这样想，依据是什么，然后教师给予肯定或纠正。另外，对于学生的作业、练习中的关键部分，教师还可以主动提出质疑等。

（七）信函讨论式

由于某些学生出于羞涩、腼腆、胆怯、性格内向等原因，不愿和教师当面请教或讨论问题。因此，教师可以鼓励学生利用署名或匿名的形式写信进行探讨，教师可以回函或在课堂上公开回答问题，也可以就一些具有代表性的问题组织学生讨论，学生也可以写电子邮件随时向教师提出问题、讨论问题。

实践证明，谈话法教学将学生引向了整个教学活动的主体地位，学生变被动为主动，极大地提高了学生的学习兴趣和主动性，教学效果远比"一言堂"、"满堂灌"式的传统教学好。教师充当学生大脑思维活动的指导者，学生不但学到了知识，而且还有利于培养学生分析问题和解决问题的能力。

四、谈话法实施的步骤

采用谈话法教学通常可分为以下几个步骤：

（一）选择谈话对象，制订谈话计划

选择谈话对象包括单向谈话、双向谈话、多向谈话、集体谈话和个别谈话。教师要根据不同的教学目的和教学内容，选择适当的谈话对象。选择谈话对象的同时精心制订谈话计划，这是谈话法教学的关键一步。制订谈话计划的内容包括确定谈话对象、谈话方式和谈话的话题。比如如何由单向谈话过渡到多向谈话，怎样设计问题的过渡等。

（二）确定谈话目的

谈话以教材为依据，从学生实际出发。谈话目的既包括知识层面，也包括思想层面，还应当有启智与审美谈话目的。一节课的谈话目的，不仅应当在教案中明确提出，而且应当在课堂教学中成为师生共同努力追求的目标。也就是说师生的谈话要围绕教学目的进行，不能偏离，全力以赴地去实现它。

（三）按计划进行谈话

按计划进行谈话是实施谈话教学的基本保证。因为教学是一件很复杂的工作，只有加强教学的计划性，才能保证教学顺利地进行。因此，采用谈话教学法必须紧密结合授课内容，按计划进行，谈话可及时为师生提供教与学的反馈信息，以便有效地调节和改进谈话内容，提高教学效果。

（四）整理分析谈话记录

这是谈话法教学的最后一个环节，通过整理分析谈话记录或结果可及时得知本课教学效果。其内容包括教学计划完成情况、学生学习情况、本节课主要经验和体会、存在的问题和改进意见等，为今后的教学积累经验。

五、谈话法的运用策略

谈话法是否能够得到有效的运用，很大程度上取决于策略的运用是否适当。笔者认为，以下三点策略对谈话法的运用是一个基本的保障：

（一）控制相关影响因素

师生间的谈话效果不仅会受到谈话者语言表达能力的影响，而且还会受到谈话者非言语因素的影响。例如：

1.谈话时有声语言的表达方式、语气、语速、音质、音量、声调、节奏、措辞等对谈话效果的影响。所以老师在谈话时对学生态度要和蔼，语气要温和，教师提出问题要注意语言的艺术性，提问要有启发性、针对性、合理性，并要适时、适量。

2.谈话时无声语言如面部表情、体态、手势、眼神、距离等对谈话效果可能产生的影响。它具有一定的局限性，如果无声语言运用不好，可能会使谈话对象产生偏见和误会等。

3.师生间不适宜的谈话氛围，有可能对学生自主谈话意愿产生影响。教师在课堂提问中也要注意因材施教，对不同程度的学生提出不同的问题，使每个学生都能获得成就感，有利于激发学生的学习兴趣，培养学生的自信心。

4.谈话环境和时机的选择，也将影响到谈话者能否产生良好的谈话情绪和心理效能。对学生的回答要及时恰当地给予评价，对的给予肯定，不完整的给予补充，错的要帮助分析原因及时引导。这样，不仅有利于学生准确完整地掌握知识，而且有利于保护学生的学习积极性。

(二)重视谈话前的准备，以确保谈话法的效果

所谓谈话前的准备，主要是指老师在谈话前首先要围绕教学目的选择好谈话对象和程序准备以及心理准备。如谈话法在运用时的程序一般是先易后难，适当引导，循序渐进，层层深入。谈话的内容要贴近学生的"最近发展区"，善于根据学生的反应来调节问题的难易度等。

(三)引导学生使用网络等工具适度地参与谈话

随着信息技术的不断发展，学生操作和应用电脑、网络的能力有了很大提高。在网络教育中，教师对学生所作的评价性评语更少，从而使学生感受到了一种全新的平等氛围，学生表现的主动性更强，而交流双方在网络面前的人格的平等性，无疑是谈话法有效性的一个重要保障。因此，教师要善于因势利导，正确引导学生利用网络工具进行学习。但对于网络谈话内容，教师应做到绝对保密，以对学生负责。

六、谈话法的应用实例

实例一　谈话法在地理教学中的应用

在讲《寒潮、台风和水旱灾害》一节时，设计了这样的谈话题目：同学们经常收看电视台的天气预报节目吗？同学们收看过寒潮警报吗？

请同学们阅读课文摘录的某年某月某日中央电视台播放的寒潮警报，读后，回答以下问题：①我国受这次寒潮影响的地区有哪些？②这次寒潮影响的陆地地区和海上风力将加大到多少级？长江以北地区的气温有什么变化？③寒潮造成哪些危害？

用谈话的方式启发引导学生回答问题，得出以下结论：我国西北地区东部、华北、东北大部、黄淮、江淮地区将出现5～7级大风，海上将出现7～9级大风；长江以北，气温将下降8℃～15℃。这次寒潮引起的降雪、大风、降温天气，将对交通、电讯等造成不利影响，然后结合课文《侵入我国的寒潮路径图》再进一步让学生回答：为什么西藏、云贵等地区受寒潮影响较小，四川盆地、广东、海南、台湾一带寒潮不易侵入？寒潮与冬季风有什么关系？造成什么灾害？

点评：这样运用谈话的方式，使同学们不觉得这些知识枯燥无味，在教师的启发诱导下，学生们在课堂上回答，踊跃发言，顺利地完成了本节的教学任务。

（郭宝坤.浅议谈话法在地理教学中的应用［J］.教育教学论坛，2011.
5）

实例二　谈话法在英语教学中的应用

案例展示小学英语五年级第三单元，学习有关季节和天气(Seasonsand Weather)第一课的内容，教授四季单词和气候单词，句型是问最喜欢的季节(What is your favorite season?)及活动。 应该说教学难度不算大,适当地调整教学内容,并与现实生活联系起来,有利于提高学生的学习效果。 因此,我采用了谈话教学方法进行教授。 那天上课正好是4月1日,西方的愚人节,我想利用前一单元已学习过的节日(Holidays)来导入新课,让学生在已有知识的基础上激发他们的参与欲望。 我就以谈论节日的方式展开话题。

师:Today is April first, do you know what holiday is today?

生:AprilFool'S Day.

师:So, on May first, what holiday? /On June first /October first /January first……

(学生们的情绪一下被调动起来,纷纷抢抓第一个说出节日的机会,用节日进行导入是为了让学生们复习月份,再次巩固日期与节日之间的联系,为四季单词教学打下伏笔。)

师:When we spend our April Fool's Day do you know which season now?

生:Spring.

师:Yes. Can you draw a green spring?

(请学生在黑板的四个角分别画出带有颜色的四季,接着我又用同样的方式引出 summer, fall, winter。 根据颜色各异的四季,greenspring, firesummer, goldfall, whitewinter, 引出单词 warm, hot, cool, cold。 这时我发现学生们在鲜明颜色对比下的四季图面前,已经有人跃跃欲试表达句型了。)

生1:In the goldfall, I can eat fruits.

生2:In the firesummer, I can swim and eat ice—cream.

(这正是我课前为学生的"学"而预设的,做到预设是为了更好地生成。 我问学生 "In this summer, where do you want to go the best" 时,学生们大多回答:Qingdao, Dalian, Hainan。 因为他们还局限在夏季到大海里游泳的框架里。 这时我在黑板上随手画了个五环,同学们顿时沸腾了,争先恐后地说："We want to go to Beijing, watch the Olympic Games."）

点评：谈话式教学在小学英语课堂中有一定的挑战性。话题的选择不能超出学生已有的知识背景，既要贴近学生的实际生活，又要与课堂教学紧密联系。教师在备课时，应准备多种"可能"。谈话教学相对有些难度，小学生的词汇量不大，掌握的句型也比较简单。因此，话题如何展开是教师备课的重点。应围绕话题创设情境，使学生综合运用所学语言，提高他们的语言运用能力。学生们对于四季的不同温度特点、天气变化等都有切身的体会，他们在各个季节最喜欢做的运动和娱乐方式也是易于言表的。因此，教师力求在教材内容、结构、特点和学生的认知能力、认知特点、认知水平等层面找到最佳的结合点，找准切入口，展开一个既能体现教材要求又能适合学生轻松表达的话题，有效导入课堂。谈话式教学教师的提问应具有开放性，这样才有利于学生思维的发散和创新。学生的经验和已有的知识不尽相同，他们的回答也就有亮点产生。例如，一名学生说："In winter, I want to eat（火锅）。"同学们哈哈大笑，因事先我预设到这种情况，及时告诉他们：In winter we want to eat firepan。这要求我们教师应有一定的应变能力，要顺其自然，因势利导，不能回避学生的质疑，任何对学生问题和回答的否认都是一种伤害。只要我们敏锐地抓住时机，深入地挖掘话题，就会给学生以深刻的启迪，从而给我们的课堂注入养料，生成精彩的一堂课。

（案例作者：宋慧玲，合肥市长江路第三小学）

实例三　谈话法在生物教学中的应用

教师：上节课我们复习了血液的成分。血液是由液体的血浆成分和三种血细胞，也就是红细胞、白细胞和血小板组成的。也讨论了这些组成成分的功能。那么，血液在血管里是怎么流动的呢？也就是说血液在人体内的循环途径是怎样的？这就要从血液循环系统的血管和心脏的结构来考虑。下面我们就按复习讨论题进行复习讨论（教师出示写有复习讨论题的小黑板），复习讨论题的题目如下：

1. 动脉、静脉和毛细血管有何区别？

2. 肺循环、体循环和冠状循环的血液流动路线及其主要功能如何？

3. 动脉血和静脉血有什么区别？在血液循环中，它们是在什么部位变换的？

4. 人体血液循环的途径是怎样的？主要的机能是什么？

5. 在血液循环中，血液为什么不会倒流？

教师：第一个问题，动脉、静脉、毛细血管有何区别？大家从它们的结构、位置、血液在血管里的流动情况来说明。

学生：动脉的管壁厚，弹性大。管里的血液流动速度快。静脉的管壁薄，弹性小，管里的血液流动速度慢。毛细血管的管壁极薄，是由一层扁平的上皮细胞构成的，这种结构的特点，适于管里的血液跟管外细胞之间进行物质交换。毛细血管的数量最大，分布最广，管里血液流动的速度最慢。

教师：等一等，你讲一讲，动脉和心脏的哪一部分相连？跟心房相连，还是跟心室相连？

学生：跟心室相连。

教师：静脉呢？

学生：跟心房相连。

教师：好。请坐下。动脉的管壁厚，管壁里的平滑肌和弹性纤维发达，弹性大。静脉的管壁薄，管壁里的平滑肌和弹性纤维不发达，弹性小。动脉是指把血液从心脏输送到身体各部分去的血管，动脉和心室相连。静脉是指把血液从身体各部分送回心脏的血管，静脉跟心房相连。毛细血管是连接细小动脉和细小静脉之间的很小的血管，数量很多，像书上所讲的，体重70公斤的人，毛细血管总长约为4万公里。正如刚才那位同学说的，毛细血管的构造特点是非常适合于和组织细胞进行物质交换的。下面讨论第二个问题，肺循环、体循环和冠状循环的血液流动路线及其主要作用如何？

学生：体循环是血液由左心室进入主动脉，再流经全身的动脉、毛细血管网、静脉，最后汇集到上、下腔静脉，流回右心房，完成了体循环。肺循环是血液由右心室流经整个肺部的毛细血管网，再由肺静脉流回左心房，完成了肺循环。冠状循环是心脏本身的血液循环。由主动脉的基部左右两侧发出两条动脉，叫冠状动脉。

冠状动脉紧贴在心脏外面，并逐渐分枝，深入到心肌里面，形成毛细血管网，血液流过时供给心肌营养，然后再汇集成静脉，把血液送回右心房，这种循环叫冠状循环。

教师：好，请坐下。刚才这位同学在回答肺循环的血液流动路线时有些错误，肺循环是血液由右心室先进入肺动脉，然后流经整个肺部的毛细血管网，再由肺静脉流回左心房。他已讲了冠状循环的功能，那么，体循环和肺循环各有什么功能呢？（评述：及时纠正学生回答问题中的错误，使肺循环概念更正确。）

学生：体循环的功能是供给身体各组织细胞以营养，肺循环的功能是在肺里进行气体交换，肺泡罩的氧气进入血液，血液里的二氧化碳进入肺泡，排出体外。

教师：好。体循环的功能回答不够完整，它不是仅仅供给全身各组织细胞以营养，而是运输营养和氧气给全身各组织细胞，而全身各组织细胞的二氧化碳等代谢产物进入血液，经过循环排出体外。下面讨论第三个问题，动脉血和静脉血有什么区别？在血液循环中它们是在什么部位变换的？

学生：血液中的血红蛋白跟氧结合时，颜色鲜红的血叫动脉血。血液中的血红蛋白跟氧分离时，颜色暗红的血，叫静脉血。动脉血变成静脉血是在身体各部分的组织细胞的毛细血管网进行物质交换时进行的，是在体循环中变换的，静脉血变成动脉血是在肺部的毛细血管网进行气体交换时进行的，是在肺循环中变换的。

教师：好，请坐下。区别动脉血和静脉血的标准，应该以含氧量多少来决定。平时有的同学错误地认为动脉血含氧量多，静脉血含二氧化碳多。刚才这位同学在回答动脉血在变成静脉血时，提到是在身体各部分进行物质交换时进行的。应该说，是在进行气体交换时进行的。静脉血变成动脉血，是在肺部毛细血管网进行气体交换时进行的。两个地方的交换，都应该说是气体交换。下面再考虑一下，在动脉里流动的一定是动脉血吗？在静脉里流动的一定是静脉血吗？

学生：在主动脉里流动的是动脉血，在肺动脉里流动的是静脉血，在上、下腔静脉里流动的是静脉血，在肺静脉里流动的是动脉血。

教师：好，对的，请坐下。在人体的动脉里流动的不一定都是动脉血，在静脉里流动的也不一定都是静脉血。这是因为在肺循环中，肺动脉里流动的是从全身各部分收集来的含氧少的静脉血，经过在肺部的气体交换后，才变成含氧多的动脉血，由肺静脉流回左心房。在体循环里，可以说动脉里流动的是动脉血，静脉里流动的是静脉血；而在肺循环中，则正好相反。下面讨论第五个问题，在血液循环中，血液不会倒流的原因？

学生：因为在心脏的心房和心室之间有瓣膜。在心室和动脉之间也有瓣膜。心房和心室之间的瓣膜叫房室瓣，它控制血液只能从心房进入心室，而不会倒流。在心室和动脉之间的瓣膜叫动脉瓣，它控制血液只能由心室进入动脉，而不会倒流。

教师：好，请坐下。大家考虑一下，左心房和左心室之间的瓣膜，右心房和右心室之间的瓣膜都叫房室瓣，它们之间有什么不同？（教师启发）左心房和左心室之间的瓣膜是二尖瓣还是三尖瓣？

（学生回答略）

教师：好，请坐下。在心室和动脉之间的瓣膜叫动脉瓣。左心室和主动脉之间的瓣膜叫主动脉瓣。右心室和肺动脉之间的瓣膜叫肺动脉瓣。它们的构造都是由三个半月形的瓣膜组成，形状像三只口袋。瓣膜的形状可以看书上37页图19。（下课铃响）好，下课了。

点评：从上例可以看到，教师在课前精心设计了一系列思考题，各题均能启发和促进学生思维。提问过程中，教师认真听取学生回答，并对回答不够确切之处加以指正，最后还复述了正确答案。课堂气氛活跃，较好地完成了课堂教学任务。谈话法可在讲述新知识，复习旧知识，演示实物、直观教具或实验时广泛运用。在当前教学改革中，改进谈话法主要在于提高谈话法中所提问题的思考性、推理性。以利于培养学生能力，提高谈话法的教学效果。

（王悦.生物教学方法与艺术［M］.北京：红旗出版社,2000.）

第二节　讲授法

一、讲授法溯源

讲授法经历了漫长的发展历程，在不同的历史时期，讲授法表现出了不同的特点。在原始社会生产力极其落后，没有学校、教学与生活、劳动紧密联系在一起。教学主要依靠长辈对晚辈口传身授，体现"师徒"式的教育。

在奴隶社会，居于统治地位的奴隶主贵族为培养自己的子弟，建立了学校。如西周出现的以"六艺"为主的学校。这种学校的教育属于礼之教、乐之教以及相当于读、写、算都是通过语言讲授完成的，而且是注入式的口授。外国奴隶制国家的学校教育采用的教学方法基本上也是言语讲授法，如古埃及、古巴比伦、古印度等文明古国出现的宫廷、神庙学校、文史学校和古儒学校等，基本上采用注入式教学。

封建社会的教学方法基本上仍是讲授法。如大教育家孔子的启发式教学，主要以讲授为主。继承孔子的思想，孟子在讲解上也注重"引而不发，中道而立"。墨子在其前辈的影响之下，主张并实践通过语言，主动而系统地向学生传授知识，成为中外教育史上系统运用讲授法教学的首位教育家。欧洲封建社会的学校主要由教会控制，教师所采用的教学方法主要是讲授法，学生的学习以机械背诵为主。与原始社会的教育活动以"口耳相传"的原始手段为主相比，在奴隶社会和封建社会，由于文字和书写工具的发明以及学校的诞生，信息传播有了新的形式和载体，运用词语和解说使讲授法成为主要的教育方法和手段。

15世纪，随着欧洲经济的发展和城市的繁荣，学校教育也得到了极大的发展，讲授法在欧洲的大学得到了普及和推广。到了17世纪的西方资本主义社会，科学技术的进步大大促进了生产力水平的提高，社会需求为西方的教育改革提出了新的要求。由此，捷克教育家夸美纽斯提出了班级授课制的教学组织形式，在这种教学组织形式下常用的教学方法便是课堂讲授法。将讲授法运用于班级授课制下，夸美纽斯对教育事业的发展推进了一大步。随后赫尔巴特提出了讲授法的科学基础，并描述了讲授法的操作程序，将这种方法纳入到一个有机的教学方法体系中。所以现代意义上的讲授法的出现要归功于赫尔巴特。

19世纪末20世纪初，教学思想进入了现代时期。前苏联现代著名教育家凯洛夫在教学方法中提到了运用讲述、讲解和讲演的讲授方法。他非常重视讲授法，他认为讲授法在教学过程中起着主导作用，运用得当会帮助学生顺利地掌握知识、技能和技巧。凯洛夫继承了赫尔巴特的教学思想，进一步主张运用讲授法教学，还主张教学过程的主要内容是传授系统的知识、技能、技巧。重视教材知识的掌握，重视教师的主导作用，提倡班级授课制。由于凯洛夫过分强调教师的主导作用，认为教师对学生学习的要求"具有法律的性质"，超过了应有的限度，使得课堂教学变得填鸭、僵化、死气沉沉。这也是后来人们批评讲授法是"注入式"、"满堂灌"的主要原因。

解放初期我国在政治上向前苏联一边倒，经济上全面学习前苏联经验,相对应的是,我国在教育体制和教学理论等方面全盘引进前苏联模式。 班级授课制和凯洛夫《教育学》中的讲授法是适应这一形势的,"前苏联版"的"五段教学法"范式对我国的教学理论发展影响最深,甚至超过了19世纪后期在我国广泛开展的赫尔巴特"五段教学法"的范式。

从1956年至文革结束,这个阶段是一个教育学追求中国化的阶段。受马克思主义经典作家关于教育生产劳动相结合的观点以及毛泽东非正规化教育思想的影响,讲授法因其易造成培养人才知识与能力脱节的缺点而受到质疑,经历了一个漫长的彷徨时期。 在此期间,讲授法总的趋势是一直衰落的。 毫无疑问,文革对中国各方面的破坏是巨大的。 故在文革结束后初期,百废待兴,各行各业都面临着重建,经济建设需要大量人才,讲授法因其适用范围广、传授系统知识效率高而受到青睐。 但由于对知识与能力关系理解错误以及缺乏新的教育学理论支撑,讲授法又很快被误用为注入式讲授法。

80年代中期,中国逐步进行改革开放,以经济建设为中心。 在此期间,智力因素、非智力因素和学生的主体性品质先后受到重视。 奥苏贝尔的有意义言语接受学习理论更是直接为讲授法提供了理论支持。 在新理论的支持下,讲授法的含义发生很大变化,开始从重视教师的教学技巧变为学生的学习基础、学习兴趣、意义的获得等方面。

在教育发展史上,不论西方还是东方的教育,这种古老的教学方法一直流行至今,目前仍然在世界范围内的大学教育和基础教育的课堂上占有重要的一席之地,仍然是学校中最常用的教学方法。 虽然20世纪初美国的一些学者曾经试图全盘否定讲授法的教学,但前苏联的教育家通过对讲授法进行数十年的研究,得出结论为"演讲式教学是最有效的一种教学方法"。 所以,在不同的历史时期,讲授法的特点虽有不同,但它却是一种最基本的教学方法。

二、讲授法的内涵与特点

（一）讲授法的内涵

讲授法中的"讲授"在《现代汉语词典》中被解释为："讲解传授。"在这个解释中，无论是"讲解"，还是"传授"，都是由教师来讲解、传授。"讲授"在英语中是"lecture"，这一词由古拉丁语"leetare"派生而来，意思是"大声朗读"。讲授的过程是指大家跟着一位解说员朗读课文。所以"讲授"在英语解释中是在教师的领导下，通过语言来传递和学习知识的。

顾明远在其主编的《教育大辞典》中把讲授法定义为教师通过口头语言向学生传授知识的教学方法，亦称"口述教学法"，包括讲述、讲解和讲演三种方式。1987年出版的《教育词典》中将讲授法定义为教师用学生能接受的简明的语言，系统地讲述教材，传授知识的方法。它是讲述、讲解、讲读和讲演诸种教学方法的总称，是学校教学中广泛应用的一种教学方法。

李秉德教授主编的《教学论》中将讲授法归纳为："教师通过简明、生动的口头语言向学生系统地传授知识，发展学生智力的方法。"从教师教的角度看，它是一种传授知识的方法；从学生学的角度讲，它是一种接受性的学习方法。王道俊和王汉澜两位教授主编的《教育学》中将讲授法概括为："教师通过语言系统连贯地向学生传授知识的方法。它通过循序渐进的叙述、描绘、解释、推论来传递信息、传授知识，阐明概念，论证规律、定律、公式，引导学生分析和认识问题，并促进学生的智力与品德的发展。"由于语言是传递经验和交流思想的主要工具，故讲授是教学的一种主要的方法，也是教学的基本方法，其他教学方法的应用往往与之相配合。

综上，讲授法就是教师运用语言向学生传递知识的一种方法。这种方法容易被教师掌握，应用简便，是教学中常用的一种方法。

（二）讲授法的特点

讲授法在不同时期的特点如下：

1. 50 年代初期。凯洛夫讲授法占据主导地位，其特点是在教学上强调教师的主体作用和教材的权威性，教师对教材只能照本宣科，对教材不能随意阐发，学生只能被动听讲，缺乏主动性，这样的课堂讲授就变成了注入式教学，培养出来的学生虽然知识基础牢固，但是能力不高，水平有限。

2. 1956 年至文革结束。此时的讲授法比起前一时期的讲授法略有改进，不再僵硬死板地使用凯洛夫讲授法的五个步骤，而是根据实际，具体安排先练后讲、讲练结合等形式；开始与其他教学方式结合，如讲授和练习结合，讲授和问答结合等，但是只是简单地结合；开始注重启发，但是理论水平不高。

3. 文革后初期。讲授法地位重新恢复，占据主导地位，课堂上一讲到底，发挥作用有限，机械灌输且步骤僵化，课堂教学还是凯洛夫教学五步法，而且机械灌输有愈演愈烈的倾向，片面追求知识量，造成学生学习负担空前增加。

4. 80 年代中期至今。此时讲授法的课堂讲授形式更加灵活，不再生搬硬套凯洛夫教学五步法。讲授法改革由关注教师行为转变到关注学生已有的知识和经验，课堂讲授关注学生的身心全面发展，强调学习的意义建构。

三、讲授法的作用

（一）对学生知识和能力获得的促进作用

讲授法最大的优点就在于能高效率地传授系统知识，其系统性相比其他的教学方法，是无可比拟的。但是，只有具有启发性的讲授法才能最大限度地发挥这一优势。如果教师讲授时，能根据学生的认识规律和心理特点，使得学生满怀兴趣积极学习，那么这样的讲授自然就有启发性。教师要正确理解传授知识与发展智力的关系，即知识和能力之间未必有直接对应的关系，有了知识未必就会发展智力，形成能力。但知识的习得有助于能力的发展这一观点是不容否认的。那些构成各门学科的基本概念、原理等方面的基础知识显然有利于学生智力的发展，能节省学生的时间。许多知识不一定都要去摸索一番，如概念和事实性的知识，直接讲授显然更合适。所以讲授法对于学生系统地学习知识、发展智力、培养能力具有很大的促进作用。

(二)对学生情感、态度和价值观养成的促进作用

在运用讲授法的过程中，只要教师讲授得法，富有激情，讲授具有艺术性，学生就会在听讲中感受教师对学术的激情，从而唤起学生的情感共鸣。通过教师的系统讲述和精辟分析，学生还可以突破教材表面的形式而领会和掌握蕴含在本学科知识体系中的观点、思维方法，体会教师的智慧风格，教师为人处世的态度，从而使学生得到远比教材多得多的东西。通过课堂讲授法进行教学，教师还可以根据各学科特点，充分发挥和挖掘教材中的那些"显性"，尤其是"隐性"的教育性因素，并能针对学生的思想实际，将这些因素有机地融合在具体的教学内容中，使学生在接受知识的同时，潜移默化地受到一定的思想品德教育。由此可见，讲授法在学生情感、态度和价值观的养成中起着很重要的作用。

(三)对学生创新精神、实践能力的促进作用

讲授法对促进学生创新精神和实践能力是有其特定意义的。首先，启发式讲授法可以系统地传授知识，为学生发现问题、分析问题和解决问题打下坚实的知识基础。学生在解决问题的过程中，肯定要有一定的知识基础。否则，就难以敏锐地发现问题，即使发现了问题，也不会解决，因为学生缺乏必要的知识基础。其次，启发式讲授能够唤醒学生的主观能动性。假如教师在课堂上讲授法运用得当，可以调动学生的积极性和主动性，对教师的言语信息进行加工处理，与已有的知识和经验有机联系，引起学生有意义学习的心向，从而能动地进行自主建构。所以，讲授法可以启发学生的智慧，提高学生发现问题、分析问题和解决问题的能力，对学生创新精神和实践能力的培养具有很大的促进作用。

四、讲授法的常见类型

在中小学课堂教学实践中，教师必须根据具体教学内容、教学对象的不同，灵活选用或讲述、或讲解、或演讲、或讲读、或点拨等不同的讲授方法，才能达到最佳的教学效果。

(一)讲述法

在课堂教学中，教师对所研究的对象、事实材料或事件发生、发展过程等进行生动、形象的描述，使学生形成鲜明的表象和概念，并从情绪上得到感染的方法叫讲述法。如化学学科中，教师向学生描述物质的性质、反应的现象，介绍化学家的生平事迹、科学发展史及重要物质在国民经济中所起的作用等，常使用这种方法。此法的特点在于教师能够发挥口头语言生动形象及信息容量大的优势，增强讲授的吸引力和说服力，调动学生的学习兴趣，引起学生的无意注意，使学生情绪饱满，始终保持旺盛的求知欲，化苦学为乐学，增添融洽的课堂气氛。教师要善于找到学生的最近发展区，使新知识与已有知识有机地结合与联系，在已有知识的基础上掌握新知识。

(二)讲解法

教师就一些较复杂的问题、概念、定理和原理等，运用阐释、说明、分析和概括等手段向学生进行较系统而严密的解释和论证的方法称为讲解法。教学中相对生僻、理论相对深奥、学生较难理解和掌握的内容适合采用这种方法。其特点是教师要进行分析、对比、推理、论证，启发引导学生揭示其本质，做出理性概括，从而使学生理解内涵，掌握本质。在实际教学中，讲述法与讲解法经常是结合着运用，而且常配合有演示、实验、提问、讨论、多媒体辅助教学等，讲解法才能更好地唤起学生的注意，启迪思维，激发潜能。

(三)演讲法

演讲法是教师针对学生的实际情况，精心选择教学内容进行的一种激情引趣的教学方法。认知心理学认为，教学过程是一种信息传递的过程。

人脑在接受信息并进行加工、储存、组合的过程受本人的态度和兴趣的影响。所以在传授知识、培养技能、发展智力的过程中，只有激发学生的兴趣，学生的注意才会充分指向教学活动，才会真正成为教学的主体。所以运用演讲法时，教师必须充分了解学生对演讲内容的兴趣点，围绕全体学生设计内容，以一个演讲者的激情，把教学内容声情并茂地表现出来，给学生以轻松愉快的心境，达到心灵的沟通，以教师对专业的理解和情感潜移默化地感染学生，使他们对该学科充满学习的热情和信心。

（四）讲读法

教师在讲述、讲解、演讲的过程中结合指导学生阅读教科书或其他相关资料，借以传授和学习知识的教学方法叫做讲读法。这种方法的主要特点是讲与读交叉进行，既有教师的讲与读，也有学生的讲与读，关键是"讲读结合"。教材和资料的可读性要强，教师必须重视认真指导学生进行有效的阅读。

（五）点拨法

是指教师采用直截了当的方式，运用简短精炼的语言，对遇到困难和障碍的学生指点迷津，或在学生思维的困难点作出关键性的启发引导，虽然只有三言两语，却切中要害，使学生有一种豁然开朗的感觉。点拨法是启发教学艺术常用的方法。"点"就是点要害，抓重点，给学生某种启发性指示。"拨"就是拨疑难，排障碍。为学生拨开学习上的迷雾，使学生看到希望、光明和前途。点拨的关键是符合学生的需要，在学生困惑处给予点拨。

五、运用讲授法的基本原则

（一）科学性原则

讲授要符合科学性原则，首先要有科学的态度，以科学的世界观和方法论为指导，实事求是，严谨认真。其次要有科学的内容，教师要对讲授的内容进行科学选择，使内容具有系统性、逻辑性。再次要用科学的语言，教师要用专门的学科术语进行讲授，如需要用通俗说法时也不能与专业术语相违背，使用大家都听得懂的词汇、语法、修辞，力求语言清晰、准确、简练、形象、条理清楚、通俗易懂。最后要用科学的方法，在讲授中应从具体到抽象、从感性到理性、从已知到未知、由浅到深、由表及里。遵循认识规律，使讲授充满艺术性。

（二）形象性原则

形象性原则是讲授法的一个重要原则。教师讲授过程中要对讲授内容进行加工，把抽象的理论形象化。教师可借助于表情、动作、实物、图像及多媒体等手段，对讲授内容进行形象描绘，这是学生理解、接受的首要条件。课堂上教师的讲授是其一切外显行为的综合表演，它包括教师的衣着打扮、表情态度、身姿动作、实验操作、口语板书等因素。在这诸多因素中，教师语言的形象性是最重要的。教师借助形象化的语言，通过比喻、类比等修辞方法，把要讲授的内容变得生动、形象、具体，这样才能使学生真正了解其内涵。教学实践证明，越是抽象的概念，讲授中就越需要形象性的描述。

（三）趣味性原则

趣味性原则是指教师在讲授时语言表达要清晰简洁，感情充沛，富有表现力和感染力，对于那种照本宣科、干瘪呆板、没有节奏、没有感情起伏的平铺直叙，枯燥无味的讲授必须坚决废弃，应在激趣、设疑、提示、引导等方面多下工夫，要善于把抽象的概念具体化，深奥的道理形象化，枯燥的知识趣味化。讲授时犹如挚友促膝谈心，感情炽热而心心相印。如清新宜人的春风，拂得学生心智激荡、乐不知倦，从而在和谐而轻松的气氛中领悟道理，步入知识的殿堂。

（四）简洁性原则

所谓简洁，就是语言精练、简单。要做到这一点，教师就必须深入钻研和分析教材，把握教材的编写意图，挖掘教材的精髓内涵。教师对教材钻得深，讲起课来就能深入浅出，简洁而深刻，正所谓"微言大义、发人深省，要语不烦、达意则灵"。教师一句精辟的话语，常使学生萦绕于脑际而终生难忘；一个生动的比喻会使学生抓住知识的关键而茅塞顿开；一个富有启迪的点拨，常使学生从"山重水复疑无路"的困惑中转入"柳暗花明又一村"的佳境。

（五）启发性原则

启发性原则强调引导学生积极思维和实践，培养主动获取知识的能力。讲授的启发性包括三层含义：①启发学生对学习目的、意义的认识，激发他们学习的兴趣和热情，使学生有明确的学习目标和学习的主动性；②启发学生的联想、想象、分析、对比、归纳、演绎，激发他们积极思考，引导他们分析问题、解决问题；③启发学生的审美情趣，丰富学生的思想感情。现代教学活动的重点已从"教师为中心"转移到"学生为中心"，从讲授知识为重点转移到培养能力为重点。因此，讲授是否具有启发性的衡量标准在于是否充分发挥了教师与学生双方的积极性，体现在教学中，就是不但有讲授方法的更新，还有讲授程序的变换。

六、有效运用讲授法的策略

在课堂中教师有效运用讲授法的过程是复杂的，必须先了解选择使用讲授法的条件，其次必须考虑教学内容、学生特征、教师自身特点等，只有在各方面都权衡之下，才能发挥最大优势。

（一）选择使用讲授法的条件

讲授法是在短时间内传递大量信息的最有效的方法，所以在以下的三种情况下方可用讲授法：（1）所教的知识用其他方法不容易获得时；（2）在教师将来源于各方面的资源加以整合时；（3）学生要理解不同的观点时。

（二）讲授法应结合相应的内容进行

在教学中，教学方法适用于不同的内容知识，我们知道知识可分为陈述性知识和程序性知识，讲授法对于陈述性知识而言是适用的，程序性知识则适合采用发现法、探究法等。陈述性知识是关于事物及其关系的知识，比如公式、概念、规律等，主要说明事物是什么、为什么和怎么样的知识。通过教师系统的讲授，不仅可以节约时间，而且有利于保证学生所学知识的系统性和有效性。此外，还有研究者认为讲授应尊重"三讲"、"三不讲"的原则。"三讲"指的是讲重点、讲难点、讲疑点，"三不讲"是学生已会的不讲、学生可以自己学的不讲、讲了学生不会的不讲。①

（三）讲授法与其他教学方法有效结合

在课堂教学中，教师不仅要传授知识，还要培养学生的创造性和各种实践能力。所以，教师不能一讲到底，在教学中必须改变"传授—接受"这种单一固定的模式，必须与谈话法、讨论法、探究法等其他教学方法相结合，使学生在课堂中不仅学到知识，还能体验到学习的乐趣；不仅能够习得知识，还能建构知识、生成知识。需要注意的是讲授法在与其他教学方法结合时，不能一味地为了结合而结合，必须在需要时采用，否则将起不到良好的效果。

（四）讲授法应以促进学生主动学习为前提

首先，在讲授中应该调动学生的非认知因素。非认知因素是指认知因素以外的影响认知过程的一切心理因素。学生在学习活动中，除了认知活动，还有情感、态度、意志等非认知因素的影响。认知因素起操作作用，非认知因素则起控制作用，非认知因素在个体身上表现为学习态度，调解认知活动的进行并决定学习效果。

美国心理学家林格伦研究得出构成学业失败的因素比重是：缺少兴趣占35%，缺少努力占25%，个人问题占8%，其他原因占32%。获得好成绩的各种因素的比重：好的学习习惯占33%，兴趣占25%，智力占15%，家庭影响占5%，其他原因占25%。② 所以教师在讲授的过程中应促使学生调节自己的非认知因素，发挥主观能动性，使讲授过程成为学生形成积极主动的学习态度的过程，同时成为学会学习和形成正确价值观的过程。

---

① 杨建军.有效讲授[J].中小学教师培训,2006(11).

② 李秉德.教学论[M].北京:人民教育出版社,2001:129.

其次，在讲授中应促使学生发动自己的认知活动。认知活动包括感知、记忆、思维等活动，在学习活动中起操作作用，在个体身上具体表现为智力和能力，在学习活动中，主要承担知识的获取、加工和编码。所以教师在讲授中应充分调动学生的积极性，使学生积极思考，把教师传递的知识迅速获取，经过分解组合、加工编码，在头脑中建立认知结构，并能记忆存储，培养学生获取与处理信息的能力、获取新知识的能力，提高分析问题和解决问题的能力。

第三，在讲授中发挥学生的元认知能力。元认知就是对自己认知的认识，包括元认知知识和元认知监控。教师在讲授中应发挥元认知策略，元认知策略是指学生对自己学习过程的有效监视和控制，要求学生在课前对教学内容进行预习、设置自己的学习目标，在教师讲授中能集中注意力，对教学内容进行思考并检测自己什么地方不懂。采取记笔记、做标记的方法帮助自己下课后理解或询问老师。学生只有调动自身的主动性，才能是有意义的学习，讲授法在课堂中才能发挥积极作用。

七、讲授法的应用实例

实例一 讲授法在数学教学中的应用

下面摘录的是江苏省南通市启秀中学李庚南老师关于"线段的比较和画法"一课教案的主要部分。

课题的引入

同学们常常比身高。现在我们来比较班上的甲同学和乙同学的高矮。怎么比法？（甲、乙两名同学站出来比高矮，全班议论两要点：脚底平齐；再看他们的头顶。）

若干年后，甲、乙两同学不在同一地学习生活了，我们如何比较他们的高矮呢？（同学们会用量身高的方法，即通过度量来进行比较。）

如果我们把甲、乙两同学的身高抽象为线段，比较同学的高矮即为比较线段的长短的数学问题了。今天我们学习"线段的比较和画法"。

（从比身高引入到比较线段，把具体事实抽象为数学事实。这是借助于学生已有的经验来同化新知识，使新知识在认知结构中获得了一定的固着点。）

新概念的建立

1. 请同学们把比较甲、乙两同学的高矮的事实抽象为比较两条线段 AB 和 CD 的长短（或叫作比较线段 AB 和 CD 的大小）的事实，总结比较的方法和比较的结果的可能情况。（小组议论）

A———B　　C———D

2. 全班交流各小组自学的成果，教师点拨，总结出比较的方法和比较的结果的几种可能情况：

方法一：从"形"的角度来比较。

把它们移到同一条直线上，使一个端点 A 和 C 重合，另一个端点 B 和 D 落在直线 A 和 C 的同一侧，由点 D 和 B 的位置来确定两条线段的大小。

方法二：从"数"的角度来比较。

用刻度尺量出两线段的长度，按照长度来比较它们的大小。线段的大小关系和它们长度的大小关系是一致的。

（教师的点拨非常必要，这体现出教师在传授知识上的主导作用。由于点拨，才能得出如此明确、全面、系统的结论，有利于理解和保持。）

3. 引导同学阅读课文，品尝探索成果，进一步激励学习意向。（奥苏贝尔认为，学习中的成就动机是由认知内驱力、附属内驱力和自我提高内驱力三种不同成分组成的。上述的"激励"属于认知内驱力的作用。认知内驱力在三种成分中是最重要和最稳固的，它多半是课题本身所固有的，成功的学习本身便是对它的奖励。）

4. 教师提出问题，让学生思考、议论，深化对线段的比较的认识。（既可深化理解，又可增强保持。）

问题1：你们是用什么方法把线段 AB 和 CD 移到同一条直线上的？在

同学们回答的基础上，教师点明问题实质：用圆规或直尺把线段 AB 移到线段 CD 所在的直线上，使点 A 和点 C 重合，点 B 和点 D 在点 C 的同侧，实质是以圆规两脚尖或直尺边的两点为端点的线段等于线段 AB，因而通过它就把线段 AB 移到线段 CD 所在的直线上来了。

问题2：用刻度尺度量线段 AB、CD 的长度，比较它们的大小的道理是什么？学生思考后，教师指明：用刻度尺度量线段的长度，实质也是看被度量的线段与刻度尺上哪一条线段相等（即两端点分别重合）。因此，线段的比较也可以通过度量进行。

（教师的讲授是在学生思考、议论的基础上进行的，师生双方的积极性都得到充分发挥。教师的讲授，针对性强；学生的接受，主动性也高。）

5. 教师总结

(1)线段的比较是指图形大小的比较，所以用方法一来比较线段的大小。

(2)由于线段的大小与线段的长度（数量）紧密联系，所以又可用方法二来比较线段的大小。

我们在学习几何时，常常把对图形的认识与对数量的认识结合起来，达到数与形的结合。

（从线段比较引申出形数结合的思想，很有意义。这一新观念的建立，既以线段比较的知识为支柱，又可深化对线段比较的理解，而且对以后的学习将会起着综合贯通的作用。）

新概念的应用——画一条线段等于已知线段 a。

（新知识的应用有助于新知识在认知结构中的清晰性和稳固性，进而可增强其在未来的可利用性。）

教师的讲授和学生的练习贯穿在教学过程之中，体现了以讲为主导的读、议、练、讲四个方面的优化组合。

（商继宗.教学方法现代化的研究 [M].上海：华东师范大学出版社，

2001.)

实例二　讲授法在语文教学中的应用

下面摘录的是北京光明小学许通儒老师关于《黄河象》一课教学记实的片段。

师：今天我们学习新课《黄河象》（板书课题：黄河象）。一说到大象，大家特别感兴趣，你们都在动物园里见过大象吧？谁知道咱们国家哪儿产大象？世界上还有哪儿产大象？（这是教师有意唤起学生的已有观念或知识，以助对新课的理解，或使新旧观念综合贯通。）

生：在我国云南热带丛林里有大象，还有与我国邻近的缅甸、柬埔寨、越南也都有大象……

师：你是怎么知道这些知识的？

生：我在书上看的。

师：嗯，很好。咱们多看书，就能知道许多知识。（稍停）我们今天讲的这头黄河象，是 200 万年以前的古生物。它是什么样子呢？咱们先看看书上的图，请把书翻开。（学生把书翻开）……你们看，这具黄河象的骨架多大呀！为什么叫它黄河象呢？因为这一具大象的骨架是在黄河流域发现的，所以叫黄河象。据科学家的鉴定，这头象距离我们现在有 200 万年了。我们今天来了解 200 万年前的古生物，不禁会想：这黄河象的骨架怎么来的？黄河象生前是什么样子？它是怎么被发掘出来的？这篇课文里讲得很清楚，很有趣，咱们好好学，这些问题都会解决的。（教师在这里简单地介绍了黄河象，还提出了几个问题。这不仅可以引起学生的学习兴趣，而且对新课的学习还会起着先行组织者的作用，指引着学生对课文的阅读和理解。）

在学这篇课文之前，同学们都预习了。有些同学预习得非常认真，这些同学值得表扬。（这种及时的表扬，可以增强学生学习动机，对学习将会产生激励作用。）大家肯动脑筋了。尤其是有些同学读得比较细，把老师课堂上教给你们的学习方法用在预习中了。有些同学读到重点句子、重点词时，就在书上写写、画画，这个方法很好。不足之处是有些同学注意字词比较多，注意自学文章内容比较少。再有一点是，我要求大家在学完字词后，要反复多读课文，但是我们做得还不够，以后预习时要注意。（指导预习是读书指导的一个重要方面，有助于培养学生的阅读能力和自学能力，是学习方法指导的一个组成部分。）下面根据预习情况，我们先来学习课文的字词。（挂字词图）谁来念？

生：颌 hé，下颌。

师：对，下颌。你看看书上的大象图，大象的哪个部位是下颌？

生：大象牙的下边那一块就是下颌。

师：下颌指什么部位，刚才他说对了，大象牙的下边，就是下巴。

（指另一个字）

生：椎 zhuī 血，尾椎。

师：尾椎，很小的一点儿，要仔细在图上找才能找到，×××，你来找找。

生：在大象两条后腿后边，有一个小短尾巴似的，就是尾椎。

师：两条后腿之间，耷拉下来的那块骨骼就是尾椎。（结合看插图学字词，这种做法好。通过预习，学生对插图的内容有了初步的印象，在认知结构中对黄河象的骨骼化石已形成一定的表象。这表象，作为认知结构中已有的适当观念，对学习相关的生字新词，起着固着点的作用，对理解课文内容也起着同样的作用。"下巴"是学生所熟知的一个词，通过它可以牢牢地把新词固着在认知结构中，使二者建立起实质性的和非人为的联系。）

师：图上画的是一具完整的大象骨架。这具骨架是 200 万年以前那具大象原来的骨骼吗？

生：不是的。

师：那是什么？

生：是骨头的化石。

师：对了，是骨头的化石。古代生物的遗体或一些遗物埋在地下，成年累月，经过很长很长的时间，这些东西慢慢起着变化，最后变成像石头一样硬的东西，这种东西就叫化石。化石的用处可大啦，科学家们通过对化石的分析，就可以研究出这些生物是怎样慢慢发生演变的，进而知道这个地方的地层是怎样变化的。我国挖掘出来这么完整的一具黄河象古化石，是举世罕见的，这对于进行科学研究和古生物研究是非常有价值的。（用简练、概括的语言，讲明了化石的形成和意义以及黄河象古化石的价值。这有助于对课文的进一步学习和理解，在一定意义上也起着组织者的作用。）

点评：从表现形式看，这一课的教学是一种师生问答式的，但从实质上看，占这一课教学主导地位的是教师的讲授。因为教学要求的提出、对学习动机的激励、对学生思路的引导等方面，如果离开教师的讲授是无法实现的，当然，知识的传授更是如此。正如奥苏贝尔所说："讲授法从来就是任何教学法体系的核心，看来以后也有可能是这样，因为它是传授大量知识唯一可行和有效的方法。"

（商继宗.教学方法现代化的研究［M］.上海：华东师范大学出版社，2001.）

第三节 讨论法

一、讨论法的溯源

(一)西方讨论法的起源

西方讨论法的源起要追溯到古希腊时期。苏格拉底是古希腊杰出的哲学家和教育家，他一生的思想精华都体现在一系列的对话之中。苏格拉底喜欢和青年们讨论有关问题，并通过辩论，去探寻真理和概念的正确定义，他坚持真理的发现是在讨论和问答中完成的。苏格拉底认为自己虽然无知，但他可以通过这种方式帮助别人获取知识，产生新的思想，发现真理。正像他的母亲是一位产婆，能够帮助别人产生新的生命一样。因此，苏格拉底称自己所倡导的方法为"产婆术"，也称"苏格拉底法"。

苏格拉底教育学生并无固定场所，他习惯与喜欢学习的人随时随地讨论一些双方感兴趣的问题。当学生对他提问的回答不合他的意图时，他并不直接指出学生错在哪或为什么错了，而是通过不断追问引发学生思考，并对问题作出较为妥当的回答；当学生的答案与他的意见一致时，他就引导学生由第一个问题转入第二个问题；如果对方不直接回答他提出的问题，而是滔滔不绝地长篇大论，使讨论不能正常进行时，他便通过辛辣的讽刺，引导讨论纳入正轨。

(二)《论语》——我国古代讨论法的典范

中国文化经典《论语》是我国古代讨论法教学的典范。孔子是中国古代伟大的教育家，而《论语》是他与弟子讨论的实录。孔子与学生以一对一的讨论或三五成群的交谈方式，通过立足于现实生活的、真诚的讨论。

在彼此启迪的过程中，师生形成对社会现象、教育规律等方面的理解，完成对学生道德的培养和知识的传播。在讨论的过程中，有孔子的诱导，也有学生主动的提问，充分体现了师生间民主、平等的关系，促进了师生共同成长。孔子一生取得了"弟子三千，贤人七十二"的教育业绩，这与他在教学中充分利用讨论这一形式密不可分。《论语》这部著作记录了孔子行之有效的教学方式——运用讨论的教学方法。

以上对古代中西方的讨论法教学进行了简要的介绍。相似的时代造就了两位相似的伟大教育家，孔子的启发式讨论教学与苏格拉底的"产婆术"有一个共同之处：即正确答案的出现、问题的解决，是在师生讨论中自然生成的。但是我国的学校教育多年来受传统教育思想的影响，教育的内容过于僵化，教学过程中不善于启发学生，在不同程度上还是采用灌输式或填鸭式。因此，要培养富有创新精神的新型人才，必须采取有力措施进行教学改革。实行讨论法教学，借鉴孔子的启发式讨论教学与苏格拉底的"产婆术"教学的成功经验，引导学生积极主动地学习。两位教育家在千年之前就以超人的远见卓识为我们搭建了讨论法教学的框架，构建了一定的体系，提供了各种充满智慧的程序和方法。认识其应用的广泛性和有效性对当今讨论法教学仍大有裨益。

二、讨论法的内涵与特征

（一）讨论法的内涵

《现代汉语大词典》对"讨论"的定义是"就某一问题交换意见或进行辩论"。"讨论"在《辞海》中的解释是"探讨寻究，议论得失"。1990年出版的《教法大全》中是"讨论式教学法是在教师指导下学生自学、自讲，以讨论为主的一种教法"。讨论式教学法在《教育学基础》中是"作为课堂教学中对话策略的一种手段，是有效的课堂交流的形式，是实现民主课堂的方法与技巧"。笔者认为讨论式教学法是指在课堂这一特定的环境中，经过预先的设计与组织，在教师的启发指导下，在学生独立思考的基础上，让小组成员围绕某一中心问题，各抒己见，发表自己的看法，并通过师生间、生生间的讨论、交流，互相探讨，让学生主动获取知识，全面提高学生素质的教学方法。

(二)讨论法的特征

讨论式教学法既能体现教学的全面性、全体性，又能体现差异性。讨论式教学法有以下四个主要的特征：

1. 开放性

开放对应于封闭，生成对应于预设，教学是预设与生成、封闭与开放的矛盾统一。教学是有目标、有计划的活动，预设是教学的基本要求。在传统教学模式中，教师是课堂的主宰，教学要严格按照程序进行，学生只是被动的倾听者，因此表现出相对的封闭性。在讨论式教学法的实施中，突破传统教学运行中的预设程序，学生积极主动地参与课堂讨论，教师鼓励学生对问题进行自我理解、自我解读。作为一种活生生的力量，他们带着自己的知识、经验、思考、灵感和兴趣参与课堂活动，并成为课堂教学不可分割的一部分，从而打破了传统教学过于封闭的局面，使教学呈现出开放性，使课堂变得丰富有趣、复杂多变。

2. 全体性

著名教育家苏霍姆林斯基曾经在评价教师课堂教学时这样说过："分析课堂教学效果不要被花哨的表面现象所迷惑，其落脚应该放在学生身上，要看全班学生是否每一个人都充分地工作，独立地工作。"讨论式教学法就是在师生之间、生生之间的讨论，课堂信息和师生观点的交流是双向的，这与传统教学中教师一讲到底、单向传递的教学方式迥然不同，其信息量大、视角多面。在教师的主导下，每一个学生充分地、独立地、自主地学习和思考，并根据他们的接受能力选择不同的讨论方式，让学生都有取得成功的机会。因此，衡量讨论式教学法的效果是看每个个体智力投入的程度，每个个体能力是否得到发展。

3. 主导性

讨论法的主导性体现在教师也应主动参与其中，但不再以权威的身份自居，不对学生的回答作正误判断，也不一定非得将讨论引向一个预先确定的结论。在讨论式教学法实施的过程中，教师是积极的组织者和调节者，需要引导学生围绕议题中心进行发言，并促进学生之间的相互作用。教师的主导性体现在以简短的语言，微笑、点头等肢体语言，给学生的发言以鼓励，也可以体现在学生在发言中途"卡壳"时，用片言只语搭桥"链接"，还可以另辟蹊径，让学生对讨论的问题产生新的火花。教师的主导要恰到好处，既要妙语如珠的垂范，又要点石成金的效果。

4.互动性

互动性主要是指在讨论式教学过程中生生、师生之间的交互式的互助、互诲、合作与交流。互动更主要的是师生互动。它要求教师要走出传统的教学模式，建立平等、民主的师生关系，营造和谐、宽松的学习气氛。在这个过程中，教师不仅是组织者、调节者，更是积极的参与者。讨论式教学法是一个动态的过程，学生的主体功能会促进或改善教师的主导功能，而教师的主导功能的改善将进一步促进主体功能的发挥。生生互动是由于学生之间年龄相仿，心理相通，"地位平等"，因此，讨论不必担心出错。讨论式教学法在无拘无束的环境下进行，有利于知能的内化。同时讨论的快感给学生提供学习原动力，激发他们进一步求知的欲望。互动不仅要求每一个学生都成为"主角"，更要善于吸纳，学生与学生之间互相启发共同发展。

三、讨论法的作用

(一)能培养和提高学生独立分析和解决问题的能力

讨论的问题一般都有一定的难度，需要学生把书本知识和实际问题密切结合起来才能解决。这样在学生讨论的过程中，运用知识解决问题的能力得到了培养和提高。同时，讨论的问题发人深省，富有启发性和思维价值，能引发学生思考、争论、求异和求新，发展学生的创造性思维。

(二)能有效地培养和提高学生的阅读和思维能力

讨论式教学法要求学生在课前反复阅读教材的基础上，对已有的知识进行分析、加工、推理和论证等一系列思维活动。在讨论的过程中，有些问题是事先预想不到的，学生要在极短的时间内抓住问题的实质，组织大脑中储存的知识进行分析、推理、论证，从而得出结论，这种高密度的思维活动能有效地培养和提高学生思维的敏捷性、灵活性和独立性。

（三）能培养和提高学生的口头表达能力

讨论的过程就是学生把自己的观点通过口头语言的形式准确、清晰、全面地表达出来的过程。在阐明自己的观点、驳斥对方的观点等一系列活动中，学生的口头表达能力也会得到锻炼和提高，同时还能提高学生的及时反馈能力和评价能力。

（四）能使学生成为学习的主人

讨论法的课堂教学主要以学生自己的学习活动为中心，学生由被动接受知识转变为主动获得知识，在学习中真正处于主体地位。它给学生以更大的自由度，为学生创造一个适于他们各自发挥其独特才能的机会与场所，使学生能够成为学习的主人。

四、讨论法的实施步骤

（一）确定讨论目标

课堂教学是要完成特定的教学任务，最终实现课程目标的。没有目标，再好的教学方法也会失去价值。因而，在组织讨论前，教师要确定本次讨论的教学目标。一般说来，讨论教学要达到的目标可分为两类。一类是学术目标，即让学生通过小组团队的分工合作，互相依赖与鼓励，共同完成学习任务，实现学习目标，从而激发个体的学习愿望，体验学习的乐趣。学术目标的确定依据是学生的学习水平，要与教学任务相适应。另一类目标是社交技巧目标，这类目标是为了加强学习过程中学生之间的合作。没有一定的社交技巧，小组活动无法顺利开展。社交技巧目标包括表达、沟通和分享技巧，主动探索的技巧，独立思考与解决问题的技巧。

（二）选择讨论主题

精心选择讨论的主题是讨论法运用的关键所在，是搞好课堂讨论的前提条件，如果选择的题目不宜讨论，就会影响讨论法的教学成果。一般说来，讨论题目选择要符合以下要求：一是紧扣教材。讨论题目要与教材的中心内容，与教材的重、难点相吻合。二要贴近生活。讨论题目既要有时代感，又应从学生的实际生活着眼，与学生的生理和心理特点相适应。讨论的问题只有是学生所关心的"热门话题"，才能引起他们的共鸣，激发学生学习的愿望，使其积极主动地参与讨论。第三是难易适度。问题太难，学生望而生畏，讨论就无法深入下去；问题太易，三言两语了事，就会失去讨论的价值。

　　(三)根据需要合理分组讨论

　　教学离不开学生之间的相互合作，科学合理地分组是有效进行讨论教学的重要条件。教师应该从以下几个方面考虑如何将学生分组：一是应该按照学生能力相近还是按照能力相差较大来分组；二是应该让学生自己选择合作伙伴还是由教师安排；三是小组活动应该持续多长时间；四是学生对分组有何意见，所选择的分组方式能否实现学习目的和任务等。常用的分组方式主要有：固定分组，即根据班级座位较为固定的特点，将同桌或前后桌的学生组成一组；自由组合，是学生按照自己的意愿进行组合而形成学习小组，组内的成员大多兴趣、爱好相投，感情相融，有利于激发学生的学习兴趣和培养学生的个性；混合编组，是正式性的合作学习小组，是指在组建学习小组时，应尽量保证小组内的学生各具特点，保证小组成员是异质的、互补的。

　　(四)组织实施讨论

　　教师讨论教学中，首先要引出讨论的主题，可以通过以下几种方式：开门见山式；讲授后引出讨论的主题，可以称之为引蛇出洞式；提炼式，即给学生有关资料后，由学生讨论、评价。在开始讨论时老师不要讲解所让学生讨论的内容，否则不利于学生展开讨论。在学生讨论过程中老师不要害怕沉默，这是非常正常的现象。此外，老师不要有任何偏向，如果老师将对学生的喜好明确地表露出来，会降低学生参加讨论的激情。在讨论式教学中，好的老师应当是机敏的倾听者，他不仅要听出学生发言中的确切含义，还要听出言下之意，努力理解发言者见解中的着眼点、与主题的相关程度，只有仔细倾听学生发言，才能评判学生是否对讨论主题理解正确。讨论过程中学生也应认真地倾听，只有认真地倾听他人的发言，才能从中获取他人的观点，为自己的讨论做出准备，这是你参与讨论的一个前提条件。为了让学生能在讨论中认真地倾听，甚至可以进行倾听练习。

（五）概括总结

在学生讨论之后，一般要伴随有教师引导下的概括总结环节。因为讨论只是手段，讨论的目的是进行有效教学。讨论中由于学生的发言可能是十分分散的，学生的认识和看法常难以统一，也可能结论不明确，其他学生可能是云里雾里，更谈不上对该主题深入的了解，因而及时的总结十分重要。在概括总结中，教师要将学生的不同认识加以罗列，并进行有针对性的分析，要将学生的视角或思维引向深入，要根据讨论中出现的不同情况加以评点。有了这一环节，学生才能对问题形成较为清晰的认识，在凌乱的思绪中逐渐理出头绪。当然，这个环节教师也可以引导学生来完成，并不见得完全由自己来讲解。

五、讨论法运用的原则

（一）激励性原则

运用讨论式教学法时，老师要遵循激励性原则。鼓励学生充分发表自己的见解和意见，不管学生的答案如何，一定要给予肯定，保护他们的积极性。最好提一些开放性问题，让每一个或每一组学生都觉得他们说的有道理，从而极大地激发学生的兴趣，使他们体验到成功的喜悦。

（二）创新性原则

创新性原则是运用讨论式教学法的一个重要原则。一方面，老师要充分挖掘教材内容，要用创新的方法引导，激发学生讨论的兴趣；另一方面，鼓励学生的奇思异想，或者独辟蹊径，从不同角度、不同侧面去讨论，培养他们的创新精神。

（三）合作性原则

讨论法本身提倡的就是合作精神，课堂讨论是一种合作的学习与互动的活动。由于学生的性格各异、观点不一，可能有个别学生不会很快适应这种教学方法，不会积极主动地投入到讨论中来，或者有人在讨论中只顾自己唱独角戏。对此，老师要有充分的认识和准备，要引导学生积极配合，发挥群体的积极的学习功能，从而培养他们的团队精神和协作意识。

（四）全体性原则

讨论式教学是在以课堂集体为教学主要组织形式的前提下，师生之间、生生之间围绕一个或几个问题互相交流信息，因此要求全员参与。由于学生个体之间、小组之间、男生与女生之间在智力因素或是非智力因素上存在着一定的差距。因此，在讨论之前，老师要尽量把任务讲清楚。讨论中，老师要兼顾全体学生，尤其要对潜能生（组）多作指导，不要总把目光盯着那些优生（组），忽视了全班同学的共同进步。

六、讨论法的应用实例

实例一　讨论法在语文教学中的应用

查字典教学在以往教材中都是安排在二年级第一学期，这是一个教学难点，我们对查字典的程序讲了又讲，学生还是很难掌握。语文出版社的教材却在一年级下册第二单元就安排了查字典，那不更难了吗？

带着疑惑，本人设计了一个开放的教学方案，抱着试试看的心理走进了课堂。铃声响后，我拿出一本《新华字典》，还没等我开口，孩子们就"新华字典，新华字典"地叫起来了。《新华字典》的出现使他们都很兴奋。"是的，这是《新华字典》，你知道什么叫字典吗？""字典就是里面有很多字的。""字典里告诉我们拼音了，我们不认识的字就可以找出来读一读，认一认。"……"是的，字典告诉我们字怎么读，是什么意思，还告诉我们这个字怎么用，字典的作用可大了。那赶快翻开字典看看，相信你还会有更大的发现呢！"我接过话说。

没用几分钟，学生就在七嘴八舌中知道了"目录"、"音节表"、"部首检字表"、"正文"、"附录"等内容。接着我拿出一个"金"字，带拼音写在黑板上，问孩子们："能在字典里找到它吗？"孩子们信心十足地说"能"，就抱着字典到处翻看。我发现有几个孩子按查字典的步骤在找字，大部分孩子是漫无目的的，不过态度都是很认真的。

过了一会儿，俞家盛满脸骄傲地举手了："老师，我查出来了！"其他孩子还在认真地找着。又过了好一会儿，还有很多孩子找不到，我示意孩子们停下，请俞家盛给大家说说他是怎么查的。俞家盛像个小老师，在实物展示台上一边说一边操作，孩子们听得可认真了，还有几个会查的小朋友在一旁帮腔。等他说完，我问孩子们会了吗，孩子们都说会了。我又让孩子们继续查找"铺"字。一半的孩子很快就查出来了。接着我请查找不到的孩子上来展示查找过程，在大家的帮助下，他们也很快就找到了。于是我又出示了第三个字"停"，要求孩子查到这个字，还要和同桌说说怎么查的。学生特别喜欢给别人挑毛病，也特别害怕别人给自己挑毛病，教室里渐渐地乱起来了。

突然那边吵起来了，我赶快走过去一看，原来一个孩子没有按刚才讲的程序查，他根据字母表顺序看字典上方的拼音查出来的。这可是很难得的发现啊。我要那孩子把自己的想法说给全班小朋友听，并给予表扬肯定，孩子们查字典的兴趣就更高了。接着我又安排了查字典比赛，进一步巩固落实了查字典。

的确，刚接触字典，孩子们都觉得很新奇，里面到底有没有自己想找的字呢？这就是他们探究的动机。这时我们如果注意开发学生的创造潜能，鼓励学生用自己的双眼去发现，用自己的双手去操作，那枯燥的查字典就会变成"充满乐趣的创造活动"。我让孩子翻翻字典，说说自己的发现，孩子们在七嘴八舌中就对字典有了较全面的认识，尽管不是很有条理，但学习效果肯定要比我们老师给予的讲解好得多。 在查字典教学中我转变了自己的教师角色，坚持"少讲多练"，即教师少讲，学生多说、多练。 坚持"放手原则"，即凡是学生能发现的就让学生去发现，凡是学生能说的就让学生说，凡是学生能想的就让学生想，凡是学生能讨论的就让学生讨论，凡是学生能做的就让学生亲自做，给学生充分的自学时间、讨论时间和练习时间。 就这样，开放的教学空间、开放的教学内容以及开放的教法与学法，使一个抽象的学查字典过程在学生的眼前"活"起来，使学生从"学查字典"发展到"学会查字典"，渐渐地掌握了学习的方法。这不就是新课标"自主、合作、探究"精神的体现吗？

下课了，孩子们围着我，一个劲地说："老师，老师，你再说一个字，我们来比赛，看谁先查到！"瞧他们那意犹未尽的样子，我不禁感慨——原来查字典也可以这样教！

（案例作者：金燕巧，浙江东阳外国语小学）

实例二　讨论法在体育教学中的应用

下面是日本体育教学课中运用讨论法进行教学的实例——分腿腾跃教学中的讨论法。

1. 准备活动(略)

2. 跳人马练习(先双人互跳，然后各纵队轮流跳)

教师：大家做得很好，下面，大家跳的时候要看着自己的手，腿要尽量分开。 好，今天大家做得不错，再来一回，加油！落下的时候要并腿着地。

3. 分腿腾越(四层跳箱、横箱，有踏板)

教师：这个小组，你们不用踏板吗？ 藤泽君，你可以吗？ 小林，即便是自己没有问题，刚开始还是放上踏板为好吧。

A 小组：好吧。

教师：今天我们的目标是每个同学都能跳过去，怎么跳才能跳好，大家边练习边把自己的心得和好主意试着归纳成语言。好，下面每人跳3次，各组开始吧。

（学生练习）

教师：跳过去的同学请举一下手。（两个男生和五个女生没有举手。）

4. 分腿腾越(四层跳箱、横箱，踏板离跳箱30厘米)

教师：这回我们把踏板离开一点，好吗?

学生：好。

教师：对，把踏板离开觉得害怕的同学请举手，好，举手的那位同学到这里来，一点都不害怕的同学到这里来，呦，一个也没有啊?

学生：也不是一点都不害怕。

教师：田边君，你怎么样? 好，你们几个坐在这里(教师让五个没有举手的女生坐在跳箱一侧)，咱们看他们怎么跳过去。（其他同学们开始跳箱，其中一个同学的腿碰到跳箱，而另一个学生没能分开腿就跳了过去。）

教师：大家说说，跳箱的时候应注意什么，什么地方用力。来，田边，你来说说。

田边：手要用力。

教师：岩谷，你说说注意什么。

岩谷：手要用力啊。

教师：对，手，要看自己的手。（在黑板上大大地写了一个"手"字，然后让主张手用力的同学们再跳一次，跳完后教师又问"是手吗"，在旁边看的同学也在讨论："是手""对，是手""是脚。"）

教师：神原君，你哪里用力?

神原君：手指用力。

教师：怎么个手指用力呢? （边说边在黑板上又写了个"手指"），田边君，你刚才手用力了吗?

田边：是。

教师：大家都认为是手吗？有没有不这样认为的？

学生：有！有！（不少同学举手。）

教师：好，渡边你来说。

渡边：要注意分腿。（教师在黑板上又写了个"分腿"。）

教师：江原君你怎么想？

江原：要注意腿。

教师：小林君你怎么想？

江原：脚要发力，蹬腿。（教师在黑板上"分腿"的旁边又写了个"向外蹬"，然后让同意"注意腿"的同学们跳箱。）

教师：小林，你蹬腿了吗？

小林：是的。

伊藤：刚才藤泽的动作很危险呦。

教师：藤泽君，你不是说要蹬腿吗？今田，你觉得如何？

今田：要蹬腿。

教师：寺田君，你说呢？

寺田：我认为是手。

教师：近藤君？

近藤：是手。

教师：佐藤，你说。

佐藤：要同时在手、腿上用力，手要使劲，腿要用力蹬踏板。

教师：是用全力吗？

佐藤：对，用全力。

教师：（对至今没能跳过去的同学）大家的心得都听到了吧？什么地方用力？

同学都说在手和腿上用力，好，你们再跳一次试试，到底应该注意手还是应该注意腿，边思考边做，好，开始！哎，刚才惠子碰到跳箱了，大家看到了吗？惠子再来一次。（惠子又做了一次，这次很成功。）

学生：好，过去了！（大家鼓掌，教师集合学生。）

教师：觉得可以很轻松跳过去的同学举手，觉得跳过去有些困难的同学举手。（教师在黑板上写了个"助跑"。）

教师：这两个字是助跑，助跑就是用跑来帮助，因此助跑是跳箱的重要前提。好，下面大家边练习边想应该如何助跑，下面已经跳过去的同学在其他三个跳箱继续练习。（教师重点帮助几个还没有跳过去的同学，对那些脚碰箱的同学教师进行保护和帮助。）

5. 分腿腾越（四层跳箱、纵箱）

教师：我们今天的学习目标是跳纵箱，好，下面就开始吧。（学生们面对新的课题，兴致很高，有跳的，有商量的，有鼓掌的。教师当学生跳了一会儿后与那些没有跳过去的学生进行了交流。）

教师：你们能说说为什么跳不过去吗？为什么把踏板离开点，变成纵箱就过不去了呢？你们能说说两种跳箱有什么不一样吗？好，江原你说说。

江原：说不好。

教师：那么安乐城，你跳得挺好，你说说。

安乐城：把腿分开，跳起来，不要害怕。

教师：只要把腿分开不害怕就能跳过去吗？

安乐城：对啊。

教师：就没有其他什么了吗？

竹中：要加快助跑，手要用力推那里。

芝田：不需要跑得太快。（教师在黑板上写了个"加快助跑"和"推手"。）

教师：有的同学说要快速助跑，而有的同学说不要太快，请问，快和不快哪个更有利于跳过去呢？

许多学生：快。

教师：对，还是要加快助跑。

教师：来，田边，加快助跑跳一次。（田边没有跳过去，跪在了跳箱上。）

教师：（面对同学们）大家说田边不是助跑得很快吗，为什么还没过去呢？

学生们：他没有推手。

教师：对，你助跑再快，到这里不推手，就没有反弹的力量了，好，我们再试一试。大家想一想要领，想想除了助跑速度和推手以外还有什么要注意的吗？来，田边、藤泽、江原，你们在这里跳，老师为你们保护，其他同学分散练习。（练习后，教师再次集合同学。）

教师：大家觉得除了助跑速度和推手以外还有什么要注意的吗？

小林：手要向前伸。

教师：伸到哪里，来告诉老师。（老师根据小林指的地方在跳箱的前方1/3处用粉笔画了一条线。）

教师：还有吗？

渡边：还要用力蹬腿起跳。

教师：我们挑几个同学跳一下，我们大家用我们总结出的要领来看看他们做得怎么样。（老师让几个学生跳箱，学生们观察，作出"某某没有推手""某某助跑不快""某某起跳好""某某手太靠后了"等评价，之后，教师找出一个同学。）

教师：来，我们看看武藤的起跳动作。

学生们：起跳不好，没使上劲。

教师：因为什么呢？

学生：手和脚的动作不一致。

教师：武藤君，你听到了吗，大家是说你的手慢了，这样跑得再快，在这里也把速度丧失了。

教师：我们跳箱的这几天，大家发现了许多跳箱的要领，大家以后就要这样边观察，边思考，边学习，好，今天就到这里，大家把自己跳箱的体会和发现的东西都写在笔记上吧。

点评：上述案例，充分体现了教师的主导作用和学生的主体性，教师在整节课中轻松地组织了学生的练习和讨论，讨论穿插在练习过程中，讨论紧紧围绕"怎么才能跳过去"的主题展开。而且每练习一段时间后，组织完成动作情况不同的学生来探讨，逐渐引导学生自己找出跳箱的动作要领以及应该注意的事项。在教师的指导下学生不断地体会着动作，每一个人都有自己的收获。需要指出的是，在教学过程中运用讨论法是具有一定的不确定性的，这就要求教师只有对教学内容吃透、挖深，才能不断提出有价值的探讨方向和视角，才能更好地引导学生走向成功。

（毛振明、于素梅.体育教学方法选用技巧与案例［M］.北京：北京师范大学出版社,2009.）

第三章　以直接感知为主的教学方法

　　以直接感知为主的教学方法是指在教学过程中，使学生利用各种感觉器官，对各种形象的事物直接感知，而获得知识的方法。它主要包括演示法和参观法。之所以提出这类方法，是由于它们都不是借助语言、符号来传递知识的，因此具有一些独立的特征。其中最主要的特点是具有直观性、形象性和真实性。

第一节　演示法

　　演示教学法古已有之，在中国有悠久的历史。宋代王唯一于1026年撰《铜人腧穴针灸图经》，并铸成铜人模型，刻示经络腧穴位置，又绘制十二经图，刊行后，刻石流传在西方。在教育产生初期，人类祖先主要是通过演示来传递生产、生活经验，引导下一代掌握必要的生存技能。16世纪比利时学者A.维萨利乌斯于1537年在帕多瓦对众讲学，并对学生演示了人体解剖。17世纪捷克教育家J.A.夸美纽斯用皮制人体模型在教学中进行演示。后来又有瑞士教育家J.H.裴斯泰洛齐关于算术箱的使用。

　　在今天，演示教学仍然有着广泛的用途，它不仅存在于物理、化学、体育等学科中，而且也在其他学科中越来越多地得到运用，演示教学法蕴含的理念也正越来越多地影响着学校课程的改革和教学的变革。

一、演示法的含义和特点

演示法是一种常用的教学方法，在相当长的一段历史时期，这种方法几乎被当作能够诠释教师角色的重要教学方式。因为在这种方法的运用中，教师可以充分展示自己"术业有专攻"、"闻道在先"的优势，借助演示，引导学生掌握知识与技能。这种方法以演示为核心，通过教师操作、学生观察，使学生了解操作程序、技能技巧，理解并掌握演示中蕴含的知识。

演示法是一种通过教师对某一技能或操作程序的示范，配合适当的讲述或多媒体等手段展示，促使学生掌握某一技能、操作程序或深化对某一问题认识的教学方法。演示法的要素有：其一，由教师亲身示范；其二，演示的内容多为技能、程序、事实、概念或规则等；其三，学习者主要是从观察中学习，而不是亲身去实践或参与具体的实施活动。

教学过程中的演示法具有以下特点：(1)无论何种演示，它作为一种辅助的方法，常常配合讲授法、谈话法进行；(2)演示的时机极其重要，否则就会使学生沉湎于演示之中而不去关注既定的教学内容；(3)演示的内容需要精选，即只选择最需要演示的事物，当然，学生课下的自主观赏则另当别论；(4)由于演示是一种综合的信息传递方式，因此演示过程中和演示后，教师都需要进行一定的讲解和指导，以使学生关注真正需要学习的内容；(5)教师需要认识到演示法本身的一些属性特点，如机械性、被动性、信息的丰富性与主题的单一性等，所以要进行适当的讲解。比如组织学生看电影，广义地说是教学的组成部分，狭义地说就不能算是严格意义上的教学。因此对演示法的运用原则应该是"恰到好处，加以引导"。

二、演示法的理论基础

(一)孟禄的教育起源论

美国教育学家孟禄的教育起源论，被称之为模仿起源论。他认为，原始社会以最简单的形式展现它的教育，然而教育的过程在这早期阶段，也具有教育在高度发展阶段所展现出来的所有基本特征。孟禄认为原始人的教育是上代人对下代人的训练，仅仅指明要做的事情和做事情的过程，而不会试图作解释或说明，绝大部分纯粹是无意识的模仿。儿童仅仅是通过观察和模仿的方法学习如何烹饪，如何制作陶器，如何用弓箭射击，如何加工被杀死的动物。通过重复的模仿，不断地尝试并成功，使原始社会的儿童在技艺方面不断地有长进。随着社会的发展，出现了初步的劳动分工，模仿的过程变得有意识了，但远未达到理性化的水平。孟禄认为，在理论教育方面，这种带有盲目性的模仿也是很盛行的，原始社会的教育与现代人的教育，在类型上和意图上是相同的，两者具有相近的特征。

（二）班杜拉的社会学习理论

美国心理学家班杜拉认为儿童通过观察他们生活中重要人物的行为而学得社会行为，这些观察以心理表象或其他符号表征的形式储存在大脑中，来帮助他们模仿行为。班杜拉将人类的学习明确区分了两种基本过程，即直接经验的学习和间接经验的学习。区分这两种不同性质的学习过程有着重要的实践指导意义。班杜拉把观察学习分为以下四个过程：

1. 注意过程，即注意和知觉榜样情景的各个方面。观察学习的程度与榜样和观察者的下列特征有关：观察者容易观察那些与他们自身相似的或者被认为是优秀的、热门的和有力的榜样；有依赖性的、自身概念低的或焦虑的观察者更容易产生模仿行为；强化的可能性或外在的期望影响个体决定观察谁、观察什么。

2. 保持过程，记住他们从榜样情景了解的行为。所观察的行为在记忆中以符号的形式表征，个体使用表象和言语这两种表征系统。个体贮存他们所看到的感觉表象，并且使用言语编码记住这些信息。

3. 复制过程，复制从榜样情景中所观察到的行为。个体将符号表征转换成适当的行为，必须选择和组织反应要素，并在信息反馈的基础上精炼自己的反应，即自我观察和矫正反馈。自我效能感是影响复制过程的一个重要因素，所谓自我效能感是指一个人相信自己能成功地执行产生特定结果所要求的行为。如果学习者自我效能感不强，不相信自己能完成这个任务，他们就不能继续这个任务。

4．动机过程，因表现所观察到的行为而受激励。社会学习论区别获得和表现，因为个体并不模仿他们所学的每一件事，因而强化非常重要。强化不是直接增强行为，而是因为它提供了信息和诱因，导致对强化的期望，影响观察者注意榜样行为，激励观察者编码和记住可以模仿的、有价值的行为。班杜拉提出的观察学习是人类间接经验学习的一种重要形式，它普遍地存在于不同年龄阶段和不同文化背景的学习者中。这种社会学习理论较有说服力地解释了学生的行为模式的学习。

三、演示教学的作用和种类

（一）演示教学的作用

演示法教学的主要作用是：直观性强，能使学生获得他们生活实践中缺乏而又必须掌握的感性知识，加深对学习内容的认识，为理解知识打好基础；能把书本知识与实际事物联系起来，培养学生的实践能力；有助于学生形成科学的概念，掌握正确的原理、法则；能激发学生的学习兴趣，集中学生的注意力；促进学生的思维活动，获得知识的印象，有助于识记；能促进学生观察能力、感受力和想象力的发展，培养学生的探索精神和创新精神；师生之间可以同时进行视觉和口头上的交流，有利于克服语言障碍，有利于建立师生之间融洽的关系。

（二）演示教学法的种类

演示教学法的种类划分有不同的依据，按教具区分，可分为四种：实物、标本和模型的演示；图片类（图画、图表、地图等）的演示；实验的演示；幻灯、录音、录像、教学电影等的演示。按教学的要求区分，可分为单个物体或现象的演示；事物发展过程的演示。前者是单向的，后者是多向的或序列性的。目前，随着电化教育手段的发展，某些原来很难观察到的现象，都可用模拟的办法，将它们的动态通过录像、幻灯、投影仪、教学电影表现出来，为演示教学提供了更为优越的条件。

本文将选择实物演示、幻灯演示和练习演示等最常用的演示法作简单介绍,并对其优劣性进行分析和探讨,为实际教学提供一定的理论依据。

1.实物演示

实物演示法是指用以释义或创设情境进行操练的教室内的或可以带进课堂的各类实物进行演示。 实物演示法将知识与生活实际结合起来,直观性强,具有形象、具体等特点,让学生一目了然。 如《九年义务教育全日制小学数学教学大纲》中关于平行四边形概念教学的具体要求是"掌握平行四边形的特征",但学生之前从未接触过平行四边形的知识,对其比较生疏,如果采用一般讲授的方式进行教学,学生必然会感到十分抽象。 所以不妨用实物演示法,它可以让抽象的知识变成具体的实物,用实物将知识形象化,顺利完成教学目标。 教师在进行实物演示时,可以在课前准备一些平行四边形的实物,如平行四边形的卡片、木框等,让学生对这些实物有个大致的印象,逐渐认识和识别它们的形状、归纳它们的特征。 但要注意,这个时候不要提到平行四边形这个概念,当学生能基本归纳这些实物的共有特征时,教师方可引出平行四边形的概念,这个时候,学生即便不能准确地背诵平行四边形的特征,也能归纳其主要特征了。 其实,除了平行四边形,其他的几何图形的概念,同样可以用实物演示法的教学手段来完成教学内容,达到教学目的。

2.幻灯演示

随着计算机的发展,现代教学手段日益丰富。 幻灯演示是现代课堂教学的标志。 而 PowerPoint 是幻灯演示的最主要途径。 PowerPoint 是 Microsoft 公司推出的 Office 系列产品之一,主要用于设计制作广告宣传、产品演示的电子版幻灯片,制作的演示文稿可以通过计算机屏幕或者投影机播放。 PowerPoint 中,演示文稿和幻灯片这两个概念还是有些差别的,利用 PowerPoint 做出来的东西就叫演示文稿,它是一个文件。 而演示文稿中的每一页就叫幻灯片,每张幻灯片都是演示文稿中既相互独立又相互联系的内容。 利用它可以更生动直观地表达内容,图表和文字都能够清晰、快速地呈现出来。 可以插入图画、动画、备注和讲义等丰富的内容。 由于小学生对一些抽象概念一般比较难以理解与掌握,用幻灯演示使教学内容显得可视化,易于学生更快更好地接受。 比如有这样一道应用题:甲乙两地相距10千米,小明和小强分别从两地以3千米每小时和4千米每小时的速度相向而行,要多长时间两人才能相遇? 这样的题目用文字很难让学生理解是怎么回事,但如果用幻灯来演示甲乙两地以及两人相向而行的全过程,学生可能一下子就理解和接受了。 不光这种题目,大多数有关行程的应用题,都可以用幻灯演示来形象化、具体化,大大加快了学生对知识的理解能力。

3．练习演示

除了实物演示和幻灯演示这两种极其常用的演示方法外,练习演示在演示中也占据着举足轻重的位置。 这里说的练习演示一般指教师在黑板上进行例题演示,或者学生在黑板上通过做练习题,并让在座的学生观察的演示方法。 小学课本中,每一块知识都会有相应的例题来加深知识的理解,巩固知识的掌握,教师讲完知识后,一般需要将例题在黑板上一步一步地演示给学生看,这便是教师在黑板上进行的例题演示。 例题演示是重要的课堂演示方法,也是练习演示的主题。 在例题演示中,教师一般要求学生仔细观察例题解题的全过程,通过这种细致的观察来掌握知识。 另一种练习演示指的是教师讲授完知识后,为了检验学生理解和掌握知识的情况,请学生到黑板上现场做练习题,并让其与学生仔细观察。 这种方法不但可以有效检查表演的学生掌握知识的程度,还能让在座的学生温习所授知识,对掌握和巩固知识起着重要作用。

四、演示法的操作步骤

演示法操作步骤,大体可按以下环节进行:

（一）提出主题

在这个环节,教师要注意营造一定的氛围,同时提出演示的主题,向学生介绍演示主题的重要性,从而引发学生的学习动机,激发学生的学习情趣,让学生进入到参与演示教学的状态。

（二）说明目标

在这个环节，教师要说明演示要达到的目标，让学生在观察演示前对演示主题有一基本认识，同时讲解演示中涉及的相关知识，布置在观察时要注意的事项，以便学生在观察时能把握重点，有所依循。

（三）进行演示

在说明演示概况的基础上，进行操作演示，使学生对演示整个程序有基本认识。如果有必要的话，可以进行第二次或第三次演示，将演示技能逐一分解，分成几个组成部分并作详细演示。

（四）练习强化

在这个环节，学生自己动手操作，按照教师演示的步骤进行练习。教师也可以提出问题，让学生围绕演示主题作进一步思考，通过这一环节的教学，使演示教学的效果得到进一步强化。

五、演示法教学的要求

（一）演示目的要明确

演示教学的目的就是通过直观感知，达到理性认识；培养学生的观察能力和探索能力，发展学生的思维能力和创新能力。在教学活动中，需要运用演示法的情况大致有以下几种：教学重点、难点、疑点；教学内容的抽象性和理论性使得学生难以理解；某些事物或现象平时不易见到，学生缺乏这些方面的生活经验；某些事物或现象同日常生活经验容易发生混淆，容易导致错误认识；某些需要重视发现过程、探索过程和认识过程的教学活动。教学活动中，是否采用演示法的依据是看教学目的和演示目的是否一致，它也是正确运用演示法教学的必要条件。

（二）演示准备要充分

准备充分，演示进程会得心应手，否则就会因种种意外而失败。演示前教师应制订详尽的演示计划，计划的内容包括演示的方式和内容、演示的基本步骤、场地的选择、材料的准备、设备的检查以及预先演练等。演示的用具以及材料要按使用步骤事先排列好，以保证演示无误。教师在演示前还应仔细考虑演示时教师与学生的位置。演示教学不仅要求教师站在适当的位置，教师还需事先安排好学生的座位，确保他们能清楚地看到演示全过程，而且每一步骤必须让课堂上的每个学生都看得清清楚楚。

(三)清楚准确地感知

教师在演示前应对演示实物和演示过程给予必要的说明，告诉学生观察过程中应注意什么。 同时，围绕教学目标提出问题，引发学生参与的兴趣，把他们的注意力引导到应该观察的事物上去。 教师在演示时，要让学生运用多种感官(如眼、耳、鼻、口、手等)，充分地、清楚而准确地感知演示的事物，以便形成清晰而完整的表象。 还要引导学生观察演示事物的主要特征，不要让他们的注意力分散到一些细枝末节上去。

(四)配合讲解和谈话

演示法教学要适当配合教师的讲解和谈话，引导学生在教学过程中进行分析与综合、归纳与演绎，把演示看到的感性知识同理论知识结合起来，使学生既得到明确的结论，又发展了思维能力。 教师在演示和讲解中，还须注意演示应该具有一定的连续性，教师边演示边讲解，学生有可能因注意聆听而疏于观察。 因此，教师可以在演示进行一段时间后，稍停下来解释，或者先演示一遍，第二遍演示时附加说明。 偶尔也可询问学生下一步要如何做或问学生为什么要这样做，以提醒学生需注意的重点及启发学生思考。

(五)演示要适时适度

适时是指需要时才演示，过早会分散学生的注意力，削弱新颖感，降低兴趣，教具用过后，应当及时收起来。 适度是指演示不宜过多。 如果在一堂课里，各种实物杂然相陈，各种演示纷至沓来，弄得学生眼花缭乱，应接不暇，就会喧宾夺主，弄巧成拙，不仅收不到预期的效果，还会适得其反。

六、演示法的应用实例

实例一　演示法在物理教学中的应用
——"光的直线传播"教学实例

教学目标

1. 知识与技能：①理解并掌握光沿直线传播的条件。 ②了解光的直线传播规律在社会生活与生产中的一些应用。 ③了解光在真空中的传播速度 $c = 3 \times 10^8 \mathrm{m/s}$。

2. 过程与方法：①通过开放性的实验探究，认识光在空气、水和玻璃等均匀介质中传播的特点(沿直线传播)。 ②观察演示实验"光在不均匀糖水中的路径"，启发学生归纳总结得出光沿直线传播的条件。

3. 情感、态度与价值观：①通过开放性实验，让学生体验学光学的乐趣，并在实验过程中学习合作与交流。 ②引导学生应用"光沿直线传播"的规律解释一些简单的自然现象，解决一些实际问题，让学生意识到光的世界既神奇美丽，又有规律可循，而且利用这些规律能帮助人们更好地认识自然，改善生活质量，提高工作效率。

实验器材：（学生分组）激光笔一支、果冻一个、软橡皮管一根、带孔的纸板两张、大头针几枚、平面镜一面、白屏一张、装了水的玻璃杯(水中滴了少量墨水)。 教师教具：小孔成像演示器(用蛋糕盒自制)、氦氖激光器(或激光笔)、水槽两个、浓度不同的糖水四种、40瓦电灯等。

主要教学过程

(一)新课引入

课前利用课间休息，滚动播放一组与光现象紧密联系的优美图片和视频：影、倒影、水面下物体、霞光万道、晨曦中穿透树林的道道阳光、白光通过三棱镜的色散、彩色的肥皂泡、北极光、日晕……最后将画面停在

"节日夜空中的多彩的激光"直指本课的主题。 让学生欣赏绚丽天象的同时认识到大自然中有许多光沿直线传播的例子，在轻松愉悦的环境中进入这节课的学习。

(二)新课教学

1. 探究光沿直线传播的条件

①引导学生利用桌面上的器材，通过开放性实验探究得出：光在空气、水以及果冻这些介质中沿直线传播，但在两种介质的界面上要发生偏折。

[问题一]同学们刚才看到了许多光沿直线传播的现象，但是光总是沿直线传播吗？先分组开放性实验，然后小组间交流实验结果。

方法一：用激光笔发出光束向滴了少量墨水的水中投射，可以看到光在水中沿直线传播。

方法二：用激光笔发出光直接照射果冻，发现光在果冻中沿直线传播。

方法三：将激光光束射过拉直了的橡皮管，但橡皮管弯曲就无法射过。

方法四：将几枚大头针插在一条直线上，眼睛沿这条直线看去只能看到第一根针。

方法五：将激光光束沿白屏从空气斜射入水中，可以看到光在空气和水中的路径都是直线，在空气和水的界面上发生了偏折。

组织学生归纳得出：光在空气、水、果冻、玻璃中沿直线传播，但在两种介质的界面上发生了偏折。

②教师演示光在非均匀糖水中传播的实验，得出：光在同种非均匀介质中传播路径发生弯曲。

[问题二]光必须在同种介质中才沿直线传播，但光在同种介质中就一定沿直线传播吗？

图 3 - 1 光在非均匀糖水中传播的实验

教师演示：如图 3—1，在支架上固定一个薄水槽，其中放置一个白屏来显示光的路径，事先配有四杯浓度不同的糖水，将它们按浓度从大到小依次倒入水槽(四种糖水的量按一定的比例)，由于各层糖水间相互混合，所以水槽内形成了从上到下浓度逐渐变大的不均匀糖水。将一束激光从透明水槽侧面沿白屏表面 75°左右的入射角，由最上层溶液斜向下射入非均匀糖水，可见激光路径在非均匀糖水中向下弯曲。同时做一个对照实验，用激光光束斜射入同种均匀的蔗糖溶液中，再让同学们观察——光的路径仍是直线。

③引导学生归纳出光沿直线传播的条件：光在同种均匀介质中沿直线传播。

2. 介绍光线的概念

图 3 - 2 光的传播路径

由于平时我们见得最多的是光沿直线传播的情形，所以物理学中就用带箭头的直线来表示光的传播方向。比如要表示电灯的光在空气中的传播时，我们就沿光的传播路径作一些直线（如图3—2），这种直线叫作光线。

3. 应用：解释自然现象

①影子的形成：设问一：请同学们想想，如果电灯的光在传播的过程中，遇到了不透光的障碍物，在障碍物后边会有什么东西形成？演示：在一个圆筒形蛋糕盒的筒口处糊一张白纸，底部的圆洞上固定一个不透光的纸板人，打开后边的电灯，同学们在屏上可以看到一个人影，让学生分析人影的形成。

②日食：由影子的成因，顺利过渡到日食。设问二：当地球、月亮和太阳运动到一条直线上，地球处在月亮的影区时，地球上影区中的人能看到太阳吗？这种现象叫什么？

③小孔成像演示：仍然利用前边的器材，保持电灯不动，用一个大纸板完全遮住圆筒形蛋糕盒底部的进光口，并在纸板上开一个小圆孔。设问三：如果打开电灯，一部分光将穿过小孔射到屏上，请同学们猜想一下，在屏上将看到什么？打开电灯，学生观察屏上的现象以及灯丝的形状，大家看到什么了？"V"字形的光斑，灯丝的形状也是"V"字形的，但是开口和光斑相反。引导学生分析出小孔成像的原理。

4. 光的传播速度介绍：光在真空中的速度是299792458m/s，近似等于3×10^8m/s。3×10^8m/s到底有多快呢？你知道我们平时一眨眼需要多少时间吗？需要0.1秒，就在你眨眼的工夫，一个以光速飞行的超人，能够飞行3万公里。这个距离让一个普通人不停地走，大约要走250天，可见光速之快。

(三)小结

请同学们回想一下，这节课你收获了什么？研究光的直线传播我们经历了一个什么样的过程？带领学生回忆：在观察神奇美丽的光现象的过程中，提出光是否总是沿直线传播的问题，然后通过实验探究，在相互交流中概括出了光在同种均匀介质中沿直线传播的结论，并且利用这个结论解释了一些自然现象，帮助我们更好地认识自然。不仅如此，还可以利用它改善我们的生活，提高工作效率，那么利用它你能做些什么？

（四）思维拓展

①射击时瞄准。给你一个玩具枪和激光器，你能想到什么？②激光准直安装高楼电梯时，怎样使几十米高的电梯又正又直？

（五）作业

①课后请用光的直线传播知识来测学校旗杆的高度。②试一试，制作一架小孔照相机，并用它来观察蜡烛所成的像，看一看，在什么情况下，蜡烛所成的像放大，在什么情况下所成的像变小？并试着解释为什么。③对日食有兴趣的同学可登录网站 www.astron.sh.cn。

（李池、卢承霞．"光的直线传播"教学设计［J］.物理教学参考，2005年第5期.）

实例二　演示法在体育教学中的应用

无锡市雪浪中心小学的曾栋梁老师进行体育常识课教学，教学内容是篮球和双人节奏操。体育常识中的篮球教学内容，是小学体育健康基础知识的一个必修内容，是向学生介绍篮球知识的一堂室内理论课。教师根据学生对篮球的兴趣以及学校在信息技术开发方面的条件，认为在教学中利用网络环境，采用师生相互交流探讨的学习方式是切实可行的。根据以上分析曾老师制定的教学目标如下：

1. 熟练运用网络浏览器，充分获取信息，使学生逐步了解篮球运动的特点、起源和发展，认识篮球的场地，了解简单的篮球规则。

2. 利用网络环境进行学习，使学生对篮球运动感兴趣，在学习过程中能积极参与讨论。

3. 能对在网络环境下学习节奏操感兴趣，并乐于练习，能做到初步随音乐连贯起来练习。

4. 学生能够积极与老师配合，保持对所学内容的兴趣，并通过本课的学习提高计算机应用能力。

在教学过程中，曾老师创设了一个"畅游篮球公园"的故事情节，把这堂课分成以下几个部分进行教学：

第一，激情运动（视频欣赏）。在这一部分教师采集了一段命名为篮球激情的 NBA 录像，让同学们欣赏，并揭示课的主题。

第二，难忘经历（篮球的起源和发展）。为突出教学的重点，在这部分教师用 FLASH 做了几个动画，做成链接，并进行重点讲解，同学们只要一点击就可以自己看。曾老师还搜集了一些关于篮球的起源和发展、著名球星乔丹和我国在 NBA 打球的三大中锋个人介绍等做成链接，通过网络让同学们点击学习。

第三，知识天地（篮球的场地、规则等）。在这部分教师用 PHOTO—SHOP 软件做了几个篮球场地说明的图片，并将最简单和主要的篮球规则做成文字链接，让同学们点击观看学习。

第四，自我展示（篮球知识抢答）。

第五，欢庆活动（节奏操学习）。第六，篮球论坛（进入留言板）。通过一堂课的学习，让同学们进入这个版块谈谈自己对学习篮球的感想。

点评：信息技术和学科课程整合是现在倡导的一种新型教学理念，如何探讨体育课程和信息技术的整合是摆在我们体育工作者面前的新课题。在上述案例中教师作了大胆的尝试，充分利用"现代网络技术"，沟通课堂内外，开展综合性学习活动，拓宽了学生的学习空间，提高了学生的学习兴趣，增加了学生综合实践的机会。不仅让学生通过现代教育技术提高了课堂教学的效果，还改变了体育理论课相对枯燥的教学形式，是一次很好的尝试。同时，在体育课堂教学中也提高了学生对现代网络技术的应用能力。此外，由于这是个网络版的课件，同学们在课后还可以在留言板发表自己对篮球的看法和感想，作为对课堂学习的延伸，有效地沟通了课堂的内外,并进一步激发学生参与篮球运动的热情。

(毛振明、于素梅.体育教学方法选用技巧与案例[M].北京:北京师范大学出版社,2009.)

第二节　参观法

一、参观法的含义与特点

参观法是教师根据教学目的需要,组织学生到校外社会生产、生活场所,对实际事物进行直接的观察、调查和研究,从而获得知识、锻炼能力、陶冶情操的一种教学方法。参观与演示不同,参观是把学生带到自然和社会现实的环境中去观察事物和现象。参观与讲授结合,往往被称为现场教学。

参观法的特点,是把教学同社会生产实际、生活实际结合起来,把学生所学的理论知识同实际应用结合起来,加深对知识的领会,扩大学生的眼界,并使他们从中受到生动的、具体的思想教育。参观法适用于各科教学,但教学参观,要紧紧围绕课程计划,密切结合教材内容,可以安排在教学的不同阶段进行。

参观法能有效地把教学与实际生活或情境紧密联系起来,使学生学到许多活的知识,扩大视野,增进见识,活跃思想。它能有效地使教学和社会实际以及实际生活密切联系起来。帮助学生更好地去领会所学知识;能扩大学生的眼界,激发学生的求知欲望;能使学生在接触社会生活实际过程中,受到生动的教育。

二、参观法的种类

教学参观,根据其目的分为三种形式:

（一）准备性参观

就是在讲授某一课题之前，先组织学生去参观有关事项。这种参观的目的，是为了给学生学习新课题积累必要的感性经验和引起学生学习新课题的兴趣，为顺利地学习新课题奠定基础。

（二）并行参观

是在学习某一课题的进程中，为了巩固和检查学生已经获得的知识，并且积累学习所需要的直接知识而进行的参观。目的是为了加深对课题的理解，使学生感性认识与理性认识更好地结合起来。

（三）总结性参观

就是在讲完某一课题之后，组织学生去参观已经讲过的东西。这种参观的目的，是帮助巩固和加深课堂上已经学过的知识，使学生用感性材料来验证或巩固课堂上所学过的知识。

三、参观法的步骤

（一）参观前的准备

参观前必须做好充分的准备。主要应做好下列工作：根据教学的要求，确定参观的目的和地点，认真做好联系工作。如条件许可，教师应亲临现场去了解参观的地点和所需要观察时的对象的情况，然后根据情况，制订参观计划。在计划中，应包括参观的具体要求、观察的重点和进行的步骤、参观后整理材料的方式以及其他应注意事项。出发前的谈话，向学生说明参观的目的、要求，简单介绍参观对象的情况，向学生提出应注意的事项和应遵守的纪律。此外，教师还要做好组织准备和生活安排工作。

（二）参观的进行

在参观过程中，教师要对学生进行具体指导。如果参观的目的是为了让学生搜集感性材料，获得实际知识，就应要求学生认真听取介绍人的讲解，把注意力集中在重点观察对象上，适当做些记录，以便收集好有关材料。如果要在现场进行教学活动，教师首先要简明扼要地向学生讲明原理，然后结合现场，边参观边讲解，同时启发学生提出需要解决的问题，并给予解答，并要注意使全班每一个学生都积极投入到参观活动中去。 最后作出小结，巩固收获。 如果在参观中，还要结合进行调查访问，则在听完总的介绍后，就要组织指导学生进行调查访问。 在调查访问中，要求学生及时做好记录，收集有关材料，有时还应绘制简要的图表。 此外，在参观、调查中，还要注意安全，保证不出事故。

（三）参观的总结

参观访问结束后，要及时进行总结。 教师要检查参观计划的完成情况，并根据教学要求，指导学生整理有关材料，编制图表，制造模型，或座谈收获，或写参观报告，引导学生把所获得的感性认识上升为理性认识。

四、参观法的应用须知

参观法相对于其他的教学方法更注重学生和教学环境的紧密结合。 在教学过程中，学生接触的新知识越多，教师使用此教学方法时难度越大，因此在运用参观法时应该注意如下问题：

（一）运用参观法要结合实际情况，适时适度进行参观对象的选取

要根据当地实际情况进行筛选，同时应根据教学的目标，并紧密结合教学内容来进行。 参观对象的选择要适合学生的认知能力，而且要有代表性。 教师还要根据教学进度、学校时间、参观地点、允许参观的时间来协调选择参观时间。 由于参观法耗时，需要很强的组织协调，因此教学中选用参观法的教学内容不宜太多，一学期2—5次为宜。

（二）应做好参观前的准备

准备工作包括教师事先到参观地进行实地考察，全面了解各种需要注意的问题，并且据此做好参观计划。 教师还要做好学生的动员，让他们了解参观的目的，明确参观的要求和任务，如是否要做笔记、搜集哪些资料等以及参观的注意事项。

（三）指导好学生的参观过程

学生在参观过程中对新事物有较强的兴趣，正是这样，学生在参观中

容易忘记参观的目的、任务。教师要指导学生在参观时围绕主题积极地看、听、问、记等，同时提醒学生严格遵守参观规则。

（四）做好参观后的总结工作

总结工作主要是帮助学生整理好参观的记录，形成参观报告以及对学生的评价和学生之间的自评、互评等。学生在参观报告中提出的建议，教师要及时反馈给参观单位。参观后形成的成果，要及时地通过板报、校内电台等形式宣传。

五、参观法的应用实例

实例 "走进羊毛衫企业"参观活动方案

（一）活动背景

我校所在地渡村镇是远近闻名的"羊毛衫之乡"，是全国最大乡镇级出口羊毛衫生产基地。历经20多年的发展壮大，全镇每年加工出口各式精品羊毛衫超过3000万件，销往20多个国家和地区。羊毛衫产业成了全镇的经济支柱，改变着地渡村镇的面貌及居民的生活，也涌现出"利晨"、"星斯伊"、"惠尔利斯"等羊毛衫知名品牌，涌现了万丽、星鑫、获马、利晨及飞昵长马等年纳税超百万的骨干企业，孕育出杨兴生、孔凤泉、沈星明、赵伟元等一大批杰出的羊毛衫企业家。这些"羊毛衫文化"资源具有丰厚的人文、经济、科技、艺术各种教育价值，值得我们的学生去了解，去探索，去研究。因此，我们把初一的研究性学习活动主题确定为"走进羊毛衫企业，感受家乡经济腾飞"。开学初，我们已作活动安排，如今各班已经做好了前期准备工作，为了更好落实这一活动的实施环节，特组织本次"走进羊毛衫企业"参观活动。

（二）活动目的

1. 增进学生对家乡羊毛衫产业的了解与认识。

2. 培养学生热爱家乡的情感和社会责任感。

3. 了解进行综合实践活动的一般步骤。

4. 培养学生调查、访问，收集、处理信息等基本的实践能力。

(三)活动内容

了解羊毛衫产业历史发展，调查企业员工，采访生产加工，研究流通消费，学习设计制作及其他相关内容。

(四)活动对象

初一年级全体学生。要求各班学生分组活动，5—6人组成一个活动小组，设组长一人，负责研究性学习过程管理及《研究性学习活动记录手册》的保管填写。

(五)参观前准备

1. 公布选题，指导学生选题。可先把学生分组，建立活动小组后再由小组成员一起选题。也可先让学生自由选题，再把选题相同的组成一组。不同的协商组成组或单独研究。

2. 组建活动小组，讨论研究的初步设想，作好组员信息登记，填写《手册》中的《课题生成与研究小组成立用表》。

3. 制订详细研究计划，要明确采访调查对象，设计好采访调查提纲，准备好采访调查工具，如笔、笔记本、研究性学习记录手册、活动日记本、相机、能录音的MP3等。明确小组成员的具体分工，填写《手册》中的《课题计划表》。

4. 课题计划班内交流，填写好《手册》中的《课题论证交流评价表》，并修改研究计划。

5. 指导老师汇总班级学生选题，填写备课本中的《班级研究性学习课题分组情况记载表》，复印交至教科室。注意教师要选定一个小组重点指导，代表全校班级向学校汇报。

(六)参观安排及要求

1. 参观安排

(1)参观时间：6月1日(周五)下午1点。

(2)具体地点、带队老师、往回路线：初一(1)：利晨　赵伟生　李凤香　陆美琪，西线：石巨角西浜；初一(2)：伊士顿　颜红燕　童琴　石宏伟，东线：东侧人行道；初一(3)：星鑫　金艳　陈姣　沈荣明，西线：石巨角西浜；初一(4)：飞呢长　马裘　永福　吴军　金雪芬，中线：小巷；初一(5)：获马　胡恒　陈小芳　袁奋　红木，东线：西侧人行道；初一(6)：万丽　刘亚军　汪罕　张霞木，东线：东侧人行道。

2. 参观要求

(1)学生要穿校服，佩戴胸卡。各班学生排队，操场集合，步行前往目的地，教师每人负责2—3名小组同学，带好队，路上要提醒学生注意交通安全。

(2)到目的地后先由厂里的接待人员带领参观，然后分组活动。

(3)学生参观活动中要遵守厂纪厂规，注意安全，保持安静，讲究文明礼仪，有集体观念，不能因为好奇而乱摸乱碰乱拿，更不能损坏公物。

(4)参观时要用相机拍照，最好是数码相机。抓拍照片时一定要把握好能够反映采访对象的风格和思想气质的外在特点。既要单独拍几张采访对象的照片，又要拍采访者与采访对象的合影，最好是采访时抓拍。参观厂容厂貌，生产车间也要抓拍，最好能反映采访企业的特色。如果能留下采访录音更好。

(5)参观活动结束后由带队老师带回学校。

(6)回校后整理活动过程，填写《手册》中的《课题研究活动过程记录表》及《课题研究主要活动情况》或其他相关表格，如《研究性学习学生访谈记录表》。写活动日记，可写活动中的体会、感受、收获。

(七)参观后的工作

1. 参观活动按计划完成后，教师及时指导学生把活动过程中的相关材料归纳整理，完成活动总结材料的汇总整理，形成研究报告、随感、建议书等。填写《手册》中的《课题研究资料整理与分析用表》、《课题研究结题报告表》。

2. 组织班内交流，择优推荐，参加校级交流，每班至少一组。填写《手册》中的《课题研究终期成果交流与展示用表》。

3. 学生完成个人活动总结，教师完成评价。填写《手册》中的《课题研究终期评价表》、《研究性学习个人小结及评价表》。

4. 学生把活动成果制作成电子小报或手抄报，要求图文并茂。学校选择优秀成果在校内展出。

5. 学校召开"走进羊毛衫企业"的社会实践汇报会，各班至少推荐一个优秀小组展示活动成果并进行交流。

6. 教师在整个活动过程中要认真备课，写下活动记录。上缴备课本、学生研究性学习手册及《综合实践指导用书》、《综合实践指导纲要》。提交一份活动方案或案例。

7. 9月份设想在新校橱窗展示，并设想与招商办、文化站合作，在镇橱窗宣传家乡羊毛衫产业。

（闫梅红、马燕. 教师的教法阐释 [M]. 长春：东北师范大学出版社，2010.）

第四章　以实际训练为主的教学方法

以实践活动为主的教学方法是学生通过参加实践活动获取知识、发现解决问题、形成技能技巧、锻炼意志品格的教学方法，主要有练习法、实验法等。

第一节　练习法

练习法在今天甚至在以后相当长的一段时间内仍然是一种重要的方法。因为只有借助于练习，学生才能掌握某些技能、技巧，才能做到熟能生巧，才能应对考试的种种需要。

一、练习法的含义与类别

何谓练习教学法，国内很少有明确的界定。一般来说，它是指学生在教师指导下，通过重复性的操作，正确掌握某些知识、技能或动作等的过程。

它具有以下基本特征：其一，练习是由学生自行操作和完成的；其二，练习涉及的内容是多方面的，既可涉及知识，也可涉及技能或动作；其三，练习的目的是正确掌握某种学习任务；其四，练习常具有重复性和可再现性。练习教学法也是常用的一种教学方法，虽然当今的新课程为中小学教学提供了一些新的可供选择的教学方法，但练习教学仍具有重要的存在价值。

练习教学法因练习的不同分类，呈现出不同的形态。

(一)按照练习性质，练习可分为控制式的机械性练习、半控制式的有意义练习、开放式的自由练习

所谓控制式的机械性练习是指教师在活动方式上牢牢掌握学生的回答。因为此种练习可供选择的答案不多，学生无需过多思考便可回答。一般说来，在进行这类练习时，练习内容不宜过多，教师安排的时间应紧凑、短促，而且教师对各种提示词、教具等准备要充分。组织活动时，教师准确示范、指令清楚。此外，应注意集体与个体的反应，适时检查全班或个别学生对新语言项目的熟悉情况，一旦发现学生的错误，应立即纠正。

所谓半控制式的有意义练习是指教师在掌控学生的回答上给予较大的选择余地，因为这类练习的目的是帮助学生加深对新知识的理解，巩固新技能，为在实际中进一步自如运用做好准备，所以这类练习学生需要理解和思考才能作答。教师在引导学生进行练习时，一旦发现错误，不必马上纠正，可以通过提问其他学生，让学生相互更正，在此基础上给出正确答案。这类练习的节奏应放慢，频率也应放低，但深度、广度应加大，使学生处在较为活跃和热烈的气氛中，为后续的练习打下坚实的基础。

所谓开放式自由练习是指教师对问题的答案没有预设，完全放开对答案的限制，由学生根据自己的意愿来作答。这类练习的目的是使学生能够在实际的情境中将所学的知识技能加以灵活运用。

(二)按照练习目的，练习可分为理解性练习、积累性练习、迁移应用性练习、延伸拓展性练习

理解性练习主要是帮助学生理顺知识脉络，认识事物之间的关系，能够用自己的语言表述新学的知识技能。

积累性练习主要着眼于学生学科基础的牢固，提供一系列题目供学生练习，达到积累知识的目的。

迁移应用性练习主要是提供一些新的问题情境，让学生将新学的知识技能通过练习加以运用，增强学生的知识运用能力和培养学生良好的学习习惯。这类练习在语文、外语、数学等学科中大量存在。

拓展延伸性练习主要是进一步加强课程内部诸要素的联系、课程与社会生活的联系、本课程与其他课程的联系，引导学生积极参与实践、动手动脑，培养学生搜集资料的能力、分析判断和想象的能力。

二、理论依据

(一)桑代克的学习联结说

20 世纪 20 年代，美国心理学家桑代克依据动物和人类学习的实验材料，创立了学习的联结说，认为学习就是在情境与反应之间形成了一定的联结。桑代克所用的"情境"一词，虽然有时也称为"刺激"，但其含义同后来行为主义所用的"刺激"一词的含义不完全相同，既包括大脑的外部环境刺激，同时也包括"脑内状态"，即思想、感情等。同样，反应的含义不仅指机体的外显活动变化，还包括观念、意象等"内部反应"。桑代克认为，情境与反应之间的联结是通过尝试错误，按一定的规律形成或建立起来的。同时桑代克提出形成情境与反应相联结的三大定律。即所谓的准备律、练习律和效果律。准备律指的是当某一情境与某一反应准备联结时，给予联结就引起学习者的满意；反之，当某情境与某反应不准备联结时，要求联结就引起烦恼。练习律是指刺激—反应之间的联结，随练习次数的多少而又有强弱之分。也就是说，练习得越多，联结得越强；练习得越少，联结得越弱。桑代克提出，增强情境与反应的联结不仅要反复地练习，还要将练习律与效果律相配合。早期的效果律注意到奖励和惩罚的作用，某情境与某反应联结伴随着奖赏时，联结力量增强；如果伴随惩罚时，联结力量就削弱。后来桑代克认为奖赏的效果比惩罚的效果更好，因而特别强调奖赏的作用。桑代克的理论说明，在学习过程中，学生进行大量的、重复的、有效果的练习，在一定程度上有助于学生的学习。

(二)斯金纳的操作条件反射理论

斯金纳从 20 世纪 20 年代末开始对动物学习进行实验研究。他的动物实验装置被称为"斯金纳箱",斯金纳箱结构简单,在一个木箱内装有一个操作用的按键或杠杆,还有一个食盒。动物一触按键或按压杠杆,食物盒就出现一粒食物,对动物的操作行为给予强化,从而使动物按键或按压杠杆的动作反应概率增加。斯金纳认为,这种先由动物做出一种操作反应,然后再受到强化,从而使受强化的操作反应概率增加的现象就是操作性的条件反射。巴甫洛夫的经典条件反射与此不同,它是由条件刺激引起反应的过程,写成公式是 S—R;而操作性条件反射是首先做某种操作反应,然后得到强化的过程,写成公式为 R—S。所以,斯金纳进一步提出,人和动物有机体有两种习得性行为,即应答性行为和操作性行为,它们分别通过经典式条件反射和操作式条件反射的方式习得。据此,斯金纳又进一步提出经典性条件反射式学习和操作性条件反射式学习两种学习形式。虽然两种学习形式都很重要,但操作式学习更能代表实际生活中个体的学习情况。由此看来,斯金纳认为学习过程就是分别形成两种条件反射的过程。

斯金纳提出的强化教学的观点和方法、操作技能培养和训练的方法以及程序教学的设计等,对教学实践具有一定参考和借鉴的价值。我们在教学中应该合理地应用这些方法和措施。第一,我们在教学中不仅要让学生学习理论知识,更要重视学生实际操作能力的培养和训练,培养学生动手操作的能力。以往的学校和教师过多强调理论知识的学习,对学生操作能力的培养不够重视,向它们提供动手操作的机会少,这是需要我们在以后的教学中注意的问题之一。第二,强化是促进和调节教学的有力手段。在小学和初中低年级学生中,及时对他们的学习进行强化,会促进他们的学习,而且强化越及时,效果越好,直接强化比间接强化好。在初中高年级学生甚至大学生的学习中,强化也是必不可少的。教师应该采用和创设各种强化形式,通过多种强化程序来促进学生的学习。

（三）加涅的信息加工理论

加涅是美国当代著名的学习和教学心理学家，被公认为是将行为主义学习论与认知主义学习论相结合的代表。他从两大理论中汲取合理的成分，既承认行为的基本单位是刺激与反应的联结，又着重探讨刺激与反应之间的中介因素——认知活动。在 20 世纪 70 年代之后，加涅通过大量研究，运用现代信息论的观点和方法，建立起了信息加工的学习理论。认为学习是主体与环境相互作用的结果，学习过程是对信息的接受和使用的过程。加涅认为，学习不是刺激—反应间的简单联结，是学习者神经系统中发生的各种过程的复合，因为刺激是由人的中枢神经系统以完全不同的方式来加工的，了解学习就在于指出这些不同的加工过程是如何起作用的。在加涅的信息加工学习论中，学习的发生可以用刺激与反应来表述，刺激是作用于学习者感官的事件，而反应则是由感觉输入及其后继的各种转换而引发的行动，反应可以通过操作水平变化的方式加以描述。但刺激与反应之间，存在着"学习者"、"记忆"等学习的基本要素。学习者是一个活生生的人，他们通过感官接受刺激，通过大脑以各种复杂的方式转换来自感官的信息，通过肌肉动作显示已学到的内容。学习者不断接受各种刺激，然后将刺激组织进各种不同形式的神经活动中，其中有些被贮存在记忆中，这些记忆内容又可以直接转换成外显的行动。按照对学习的这种解释，练习在很大程度上是学习的题中应有之意。

　　加涅还将人类掌握知识的表征形式分为陈述性知识与程序性知识。所谓陈述性知识，正如它的修饰词所表明的，能被人陈述和描述。例如，我们可以陈述某些事实或现象，描述某些事件及客体。与陈述性知识相对的程序性知识，则并不停留在人们仅能说说而已的状态。它是关于人怎样做事的知识，既可涉及驾车之类的运动技能，也可涉及在什么样的条件下使用某一数学原理之类的认知技能，当然还可以涉及使用自己的认知资源之类的认知策略。对知识所作的这种区分，具有一定的教育意义。它说明程序性知识的获得并不一定需要事先掌握相关的陈述性知识。某项活动技能的熟练操作者，可能根本就不了解或无法给出内含于这项操作活动的有关原理与规则。这意味着,尽管一个人可能并不了解一项活动技能何以进行、何以有效的有关理论或原理,他仍然可能成为一个熟练的技工。在教育活动中,对某些操作技能的训练,如同在实际生活中形成某些生活技能一样。它们不一定都需要从理论入手,从练习入手,在反复的训练中掌握知识与技能也是完全有可能的。

三、练习法的基本步骤

练习教学法大体分以下几个步骤进行:

(一)引起动机

教师应向学生介绍本节课的价值和重要性,引发学生学习动机,促使他们专心致志地学习。

(二)练习说明

说明练习要达到的目标、练习主要内容、练习注意事项等。

(三)反复练习

本步骤主要是为学生提供练习机会。练习的方式有分步练习和整体练习两种。分步练习是指将所要学习的知识与技能分为几个组成部分进行练习。当第一步练习掌握后,按照顺序再练习第二步,直至完成所有内容。然后再把各步连接起来,整体练习,直到掌握为止。整体练习时不分步骤,把相关知识和技能作为整体反复练习,直到掌握为止。

(四)评估练习效果

教师通过观察、小测验、研讨等方法对学生练习情况进行评估,指出练习中存在的问题,强化练习的效果。

四、运用练习法的要求

(一)明确练习目的

教师练习目的明确,才能选择运用合适的练习。学生明确练习目的,才能积极自觉地进行练习。如果目的不明确,就会处于被动状态,练习会感到枯燥无味,直接影响练习效果。

(二)注意分析学生的学习基础

练习的开展应该以学生现有的理解水平为基础。有关的知识对于技巧的掌握起着重要作用,学生如果能对练习内容有较多了解和认知的话,就容易把握练习的关键,切实掌握练习中蕴含的知识和技能。

(三)合理安排练习内容

安排练习内容要结合实际,注意从学生的经验和社会生活中选择可用于练习的资源。将练习与学生已有经验联系起来,可大大调动学生练习的积极性,降低机械练习的枯燥感。安排练习内容还要符合循序渐进的原则,使学生的能力不断得到提高。

(四)练习设计要得当

适当的练习设计就是要很好地掌握练习的速度、进度、难易程度,合理分配时间,从而可以提高练习的效能。在练习中,教师要根据实际情况选择分散练习还是集中练习。分散练习是把练习时间分散在一节课的几个时间点或几天内进行,分段完成练习;集中练习是把练习时间相对集中,一气呵成。另外,在某些情况下,教师还需要为学生提供过度练习的机会。过度练习是指学生在练习到完全掌握后,再加强练习,直至熟练掌握为止。这样的练习可以在很大程度上使学生熟练掌握某种知识或技能,并且能够长期记忆。

(五)注意调动学生的练习动机

调动学生的练习动机,对学生持续练习非常重要。因为强烈的学习动机能够使学生产生练习的意愿,并且愿意持久地去面对和克服困难。所以,学生对知识和技能的掌握,贵在主动练习,切忌使学生陷入被动应付的状态。消极应付只能使学生达到最低的学习标准,而主动练习不仅能够达到应有目标,而且还能超越现有的标准。

(六)及时评价反馈

在练习过程中或练习之后,教师的反馈至关重要。教师及时为学生提供反馈信息,让他们明了自己是否已掌握了该项知识或技能,可增强练习的联结,强化练习的效果。但教师的反馈也不应过度,过于频繁的反馈也会打乱学生学习进程。同时教师通过学生的反馈信息可以及时了解学生的学习情况，从而调整教学，提高教学质量。

五、练习法的应用实例

实例一　练习法在数学教学中的应用
—— "平均数应用题的练习" 教学实例

简单的平均数应用题是小学四年级的教学内容，难度不大，学生容易学。但是，由于在实际应用中，已知条件在叙述上变化较多，比较容易算错。其中解题的关键是确定按什么平均分，分成多少份，然后去寻找总数量。因此，我在教学中将练习分为三个阶段进行。

第一阶段：通过简单平均数应用题的教学，概括出平均数应用题的基本数量关系式：总数÷总份数＝平均数

因此在第一部分先出示：求 34、4、82 三个数的平均数，帮助学生巩固理解平均数应用题的基本数量关系式。第二部分出示：一辆汽车第一小时行了 46 千米，第二小时行了 60 千米，第三小时行了 52 千米，第四小时行了 74 千米。这辆汽车的平均速度是多少？又问：前两个小时，这辆汽车的平均速度是多少？帮助学生先找出"主干"，再清理"枝叶"。"主干"指基本数量关系式。上题的基本数量关系式是"路程÷时间＝速度"。在第三部分的选择题中对"主干"、"枝叶"进行巩固。

第二阶段：求几个数的平均数，实质是"移多补少"，使这几个数大小相等，表示这个相等的数就是要求的平均数。

教学中除了用"总数÷总份数＝平均数"的一般方法求平均数之外，还可以教学生观察数据，估计平均数是多少，然后用"移多补少"，得出平均数。设计如下：

姓名	语文	数学	英语	平均数
杨悦	91	97	97	
李明	98	100	99	
陈日	87	100	95	
赵杰	95	99	97	
于阳	97	97	97	
钱进	92	82		

教师问：哪几个同学的平均数你能很快看出来？

于阳，三门学科各为 97 分，平均分也为 97 分。

赵杰，数学移 2 分给语文，平均分为 97 分。

李明，数学移 1 分给语文，平均分为 99 分。

请估计一下杨悦和陈日的平均分为多少？

教师又问：钱进因为生病，英语没有参加考试，而且语文、数学的成绩还不太理想，如果他想使自己三门学科的平均分在 90 分以上。请你算一算，英语至少要考几分？

由于平均分是统计工作中综合反映研究对象某种数量一般水平的具有代表性的数。在小学中教学"平均数"，就是最常用的、比较简单的统计方法之一，因此要把平均数应用题的教学与统计初步思想联系起来。可让学生进行一次实地调查，获得原始数据。上表便是从 8 个小组中随机抽取的一张学生统计的图表。

第三阶段：进行思维性的练习

(1)一辆汽车从甲地开往乙地，前 4 个小时共行了 209 千米，后 5 个小时共行了 250 千米，求这辆汽车的平均速度。

(2)某车间 3 天中平均每天做零件 300 个，已知第一天做了 290 个，第二天做了 295 个，第三天做了多少？

在教学中利用刚才所教的方法很快地帮助学生找到解题的方法，提高解答应用题的能力。

（案例作者：方梅，上海市洋泾菊园实验学校）

第二节　实验法

一、实验法的由来

自从人类产生文字以来，教育的主要方式就是通过手抄或印刷的文字，而不是通过学生直接的经验。早期的教育以传递"形而上学的思辨教育"为主，来自生产和生活的经验知识是被排斥在外的。因此，在教学过程中非常注重"引经据典"、"服从权威"。在西方中世纪，亚里士多德和奥古斯丁以及《圣经》的言论就是权威，不可质疑。知识的辩护也只能诉诸权威，而不能诉诸自然现象的观察和实验。同样，在古代中国言必称圣贤也是十分普遍的。一种知识可不可信，主要看有没有出处，是不是出自于圣贤之口或者历史经验。因此，这时候的主要教育方法是靠死记硬背或者体罚，学生学习的主动性和积极性被忽视和压抑。

11 世纪，以经验观察为主的实验知识开始出现。到了 12 世纪，在著名的沙特尔修道院就出现了用观察的方法研究自然现象的沙特尔学派。15—16 世纪，冒险家们利用观察、记录和分类等方法获得了一系列实用知识，并在这些知识的帮助下发现了好旺角和北美大陆。由此证明了对自然的认识只能通过对自然的观察来进行，观察的权威高于任何信仰和思辨的权威。

从 17 世纪开始，来自观察的自然知识得到了迅速发展，不仅涌现出牛顿、哥白尼、伽利略等一批在现代科学史上具有极大成就的人，还出现了培根、笛卡儿、洛克等现代经验主义和理性主义的代表人物。而且从伽利略以来，自然科学有了规范的研究方法，即控制性观察法，也就是实验法。伽利略在 1636 年完成的《力学和运动两种科学的问答》中所运用的一套研究问题的科学方法不断为后人所继承和发扬,创造了比知识高出千百倍的财富。

到了 18 世纪末 19 世纪初,新的科学知识取得了人类知识领域的主导地位,完全代替了传统形而上学的知识和神学知识,同时,新的科学研究方式和研究方法也真正地建立起来。

19 世纪后半叶,第二次产业革命把理科教育推向了一个新的高潮。英国教育家、化学家阿姆斯特朗认为,理科的教学不应将落脚点放在自然科学各个领域的基础知识上,而应是使学生掌握社会生活中必要的基本能力,并且强调只有通过观察、实验探究自然事物和现象的运动规律,才能从本质上理解科学,在此基础上他发展起来了"实验室教学法"。与古代的知识型相比较,科学知识型的观点认为:真正的知识是实证的知识,而不是思辨的知识,也不是神学的知识;获得一切可靠知识的唯一方法是观察和实验,而不是来自于主观臆断或者主观思辨。新的知识王国的建立,使得整个学校教育也发生了翻天覆地的变化。教学为学生创造第一手经验的机会,从概念思辨和演绎中来认识自然的传统方法被观察和实验的方法代替。正如裴斯泰洛齐认为,教师应该从学生对课堂上的实物的感觉印象开始教学。只有当这些印象发挥作用以后,教师再把这些实物的名称教给学生。通过这样的方法,使语言和观察、经验紧密联系起来,教育就走上了正路,由此根除了不加理解的死记硬背。教师在教学过程中开始注重学生直接经验的获得,使学生在获得科学知识的同时获得了科学的方法、科学的精神和科学的态度。

二、实验法的概念与特征

(一)实验法的概念

实验法是在教师的指导下,利用一定的仪器设备,在一定条件下引起某些事物或现象的发生和变化,使学生在观察或研究和独立操作中获取知识、形成技能技巧的方法。可以说,实验法既是问题提出的源泉,也是问题解决的有力工具。 实验教学把学生的兴趣(情感领域)、知识(认知领域)、能力(动作领域)等各种心理因素融为一体，使学生直接参与到实验的过程中，实现了理论和实践的有机结合。 不仅可以使学生加深对概念、规律、原理、现象等知识的理解，而且有利于培养他们的探索研究、创造精神和严谨的科学态度，更有利于学生主体地位的发挥。

(二)实验法的特征

1. 学生成为学习的主体

传统的教师讲、学生听的方式比较乏味，学生处于非常被动的地位，对于概念原理的掌握和现象的分析主要靠记忆。 在实验教学中，学生需要自己主动去搜集并分析有关的信息及资料，对所学的问题提出各种假设，并努力加以验证，从而通过实验得出规律。 所以，实验教学的显著特征是以学生为学习的主体，充分调动学生学习的积极性，他们通过主动探索和发现，自己去建构知识的意义，从而提高独立思考、分析、解决问题的能力。

2. 有利于培养学生的创造性思维

传统的教学过程中，学生对教师有太大的依赖性，教师给学生的都是一些现成的答案，这些"答案"束缚了学生的发展，不利于学生创新性思维的发展。 实验教学法则相反，它能激发学生的学习兴趣，发展学生的观察力，丰富学生的感性经验，引发学生思考。 能让学生运用多种感官参与认识活动，使他们在感知的基础上，发挥充分的想象力，认识事物的本质，从而培养学生的创造性思维。

3. 具有很强的灵活性和直观性

在实验教学过程中，学生在教师的指导下，通过自己动眼、动脑、动手、动口去获取知识。 通过各种感官受到刺激，能够加深学生对所学知识的理解和应用。 所以，实验教学具有很强的直观性。 另一方面，实验教学又具有很强的灵活性。 因为它可以根据教材、学生以及器材的实际情况，采用多种方式进行。 比如实验教学可以安排在新课的开始，作为新课的设疑引学，起到激发学习兴趣的作用；也可以安排在课程的教学过程中，用来建立概念或得出规律，作为学生辨疑解难的一种手段，起到启发、帮助学生理解概念和解决疑难问题的作用；还可以安排在下课前的几分钟，作为复习巩固之用。

三、实验法的理论基础

（一）实证主义理论

实证主义理论产生于 19 世纪 30 年代至 40 年代的法国和英国，50 年代至 70 年代在英法两国得到广泛传播。主要代表人物有法国的孔德、英国的穆勒和斯宾塞等。其主要特点是：强调经验事实和科学方法的重要性。实证主义认为，事实必须是通过观察或感觉经验，去认识每个人身处的客观环境和外在事物。其基本特征是：

（1）以现象论的观点为出发点。现象即实在，是确定的、有用的、精确的、有机的和相对的，把现象当作一切认识的根源，科学知识必须是"实证的"。

（2）对经验进行现象主义阐释，主张从经验出发，拒绝通过理性把握感觉材料；认为通过对现象的归纳可以得到科学定律，强调经验上的实证对科学理论的重要性。

（3）把处理哲学和科学的关系作为其理论的中心问题，带有一定程度的科学至上和科学万能倾向。实证主义者认为，科学即实证知识，它是人类认识发展的最高阶段；研究人的心理和行为以及社会状况都要靠实证的科学方法；科学和科学方法使哲学也成为实证的。实证主义不仅对哲学而且对整个社会科学均发生了深刻影响，在其后的一个半世纪是西方社会学的主流。

在中小学的教学中，要培养学生探索和实事求是的科学精神、科学的方法，使他们更好地认知事物的现象和本质，就必须从实验着手。通过长期训练，学生将会逐步掌握学习和研究的基本方法。

（二）自我监控理论

自我监控研究是在元认知研究的基础上发展起来的，是近年来心理学研究领域中的热点课题之一。1976年，Flavell提出元认知的概念。他认为，元认知是认知主体对自身状态、能力、任务目标、认知策略等多方面的认知；它是以认知过程和认知结果为对象，以对认知活动的调节和监控为外在表现的认知。元认知监控是指主体在进行认知活动的过程中，将自己正在进行的认知活动作为意识对象，不断地对其进行积极而自觉的监视、控制和调节。元认知监控也叫自我监控，自我监控水平的高低对主体完成任务的效率有很大影响。自我监控学习行为是指个体对其所从事的学习活动的自我调节和控制行为。近年来的研究表明，自我监控学习行为是学习能力的具体体现，与个体学习成绩有密切的关系。在当前的教育实践中，让学生成为学习的主人，培养、提高学生的学习能力已经成为教育改革的热点问题。作为学生自主学习能力的重要组成部分，在教学中培养学生的自我监控能力有着非常重要的意义。在实验教学中，让学生对自己设计的方案再评价、再改进，就是强化和培养学生的自我监控能力和反思能力。这种能力一旦形成就会迁移到学习的各个方面，比如对时间管理的自我监控，对学习策略的自我监控，等等。

（三）主体教育理论

人的主体性有三层含义：一为把自然生存条件置于自己的控制之下，做自然的主人；二为把社会实践置于自己控制之下，做社会的主人；三为对自我进行设计、解剖和改善，做自己本身的主人。"主体性教育"便是一种培育和发展受教育者的主体性的社会实践活动。这一过程是塑造和建构学生主体、发展学生主体性的过程。其重点是在人的内心和行为两方面同时造就一个独立自主、有热情、有个性、有尊严、有责任心的人。其终极目标在于培养自主发展的人。主体性教育思想在我国可以追溯至2000多年前孔子所提出的"学思结合"和"启发诱导"的教学思想。在国外，上至苏格拉底、柏拉图，下至近现代的教育理论，也都包含大量主体性教育的真知灼见。例如，苏格拉底的"产婆术"通过追问激发学生的思维，使之主动寻求问题的答案。学生既获得知识，又学到如何获得知识的本领。所以，在教学中不仅要注重教师主导性，更要注重学生的主体性，要相信学生的能动性和自学能力。实验教学法是完全遵循这一原理的，在教学过程中教师是学生活动的指导者和参与者，学生是学习的主体，他们可以自由地想象和思考、自由地讨论，最大限度地调动学生的学习积极性，从而使学生独立思考的思维品质得到锻炼，创新思维能力得到提高，学习兴趣得到满足。

四、实验的基本步骤

实验一般情况下根据形式的不同步骤而稍微有些不同，但大致都遵循以下步骤：

（一）合理设计实验情境，导入新课

为吸引学生的注意力及兴趣，教师要选择带有某问题或某种物理现象的实验，作为认知情境导入新课。使学生通过观察，分析实验情境中的现象和问题，思考问题的性质。

（二）探究问题的性质，并设计解决问题的实验方案

教师讲解实验的步骤，引导学生深入思考，组织并引导学生完成相应实验任务，并布置相关的实验任务。学生在搜集实验相关其他资料的基础上，以认真科学的态度分析问题，运用已有的知识和生活经验设计尽可能多的解决问题的实验方案。

（三）选择实验方案并实施

教师组织学生讨论各种实验方案的科学性与可行性，提示学生注意实验过程中的安全事项等细节问题，在现有实验设备条件的基础上，选定实验方案并实施。

（四）对实验结果进行解释

教师组织学生收集实验信息，为所探究的概念、规律提供科学的解释。学生对收集到的实验信息进行分析总结，从中得出清晰的解释。在这个步骤中，教师可引导学生把实验过程进行回顾，把处理后的实验数据

情况陈述出来，把实验数据、实验结果与相关的知识对应起来，思考实验数据所说明的问题，根据实验结论归纳总结出相关概念或规律。

（五）实验的反馈与评价

教师组织学生通过对自己的实验结果与正确结果的比较，反馈改进自己的实验方法和过程，培养学生科学的研究观念。学生通过对实验现象和结果的分析、讨论，总结、分析在他们的探究、实验中可能存在的问题。

五、 实验法的应用须知

（一）做好实验之前的准备工作

每做一个实验之前，教师都应明确这个实验对学生的学习能起到什么样的帮助。有的实验是为了使学生形成具体概念，有的实验能说明某种物理现象，有的实验是为了验证某个定律或原理，有的实验是为了得到某个结论。要让学生明确实验目的，为实验做好充分准备。所以，我们要杜绝实验前无所知、实验中无所措、实验后无所获的毛病。教师的准备工作还包括课前的准备实验，以防止上课时碰到新的问题时手忙脚乱；对学生来说，可以先进行课前预习，熟悉教材的内容，做到有的放矢。

（二）实验教学中要突出探索性

传统的实验教学中，学生都是按照教师安排好的操作步骤重复操作。他们的注意力大多集中在如何按照老师的详细指导照猫画虎地完成实验，测出正确的实验数据，一旦实验结果与老师要求的不一样，或者没法得出实验结果，便直接请教老师，很少自己去分析失败的原因。学生虽然也参与了实验教学活动，但其主动性、积极性受到一定限制，实质上是处于被动接受的状态，不利于对其创造能力的培养。因此，在实验过程中教师应最大限度地突出学生的主体性，力求让学生独立思考，主动探索，自主实验，在实验中探究，在探索中反思，在反思中归纳总结。逐步理解和掌握知识的发生过程与认识的内在联系过程，以促使学生构建良好的知识和能力结构，从中体验科学发现的过程和科学研究的过程，逐渐掌握学习方法，形成科学创新的意识和能力。

（三）不仅要注重实验结果，更要注重实验过程

实验不仅应只注重得出实验结果，实验方法是否得当，学生的观察能力、发现问题、分析问题、解决问题的能力、实验操作能力等是否得到培养，实验研究能力是否得到发展更是应该被关注的问题。要让学生明白为什么要做这个实验，做这个实验想说明什么问题，引导学生思考采用什么方法才能测好、测准这些数据，实验数据会受到哪些因素的影响。为什么采用这个实验方案，是否还有其他可行的方案，各参数为什么这么取，各个参数之间有什么关系，得不到要求的实验结果怎么办，改变实验条件后又会出现什么实验结果。实验中应注意哪些事项，对实验中出现的异常现象如何分析，如何改进已有的实验等问题。我们不仅关注实验的结果，更关注得到这些实验结果的全过程。只有这样，学生才能真正学会做实验，才能真正掌握科学实验的方法。

六、实验法的应用实例

实例一 实验法在物理教学中的应用
—— "液体压强的公式" 课题的教学

为了得到液体内部压强的计算公式，先思考一个问题：如何用底部带有橡皮膜的圆筒做实验来证明液体内部有压强，师生共同讨论得出实验的操作方法。将蒙有橡皮膜的圆筒插入水中，观察橡皮膜是否凸凹。

课堂演示并观察现象：在液体内部，橡皮膜向筒内凹进。随着深度的增大，凹进的程度变大。若向筒内加水，橡皮膜凹进的程度变小。继续加水直到使橡皮膜变平为止。引导学生分析并归纳橡皮膜向筒内凹进间接说明液体内部对上方有压强，凹进的程度大小间接表明压强的大小。向筒内加水使橡皮膜凹进的程度变小说明橡皮膜上下表面的液体都产生压强，当橡皮膜变平时，由二力平衡条件可知，橡皮膜上下方的水对膜的压力相等，即压强相等。

由上一节内容得到的液柱对底面的压强公式可以求出液体内部对该底面向上的压强。由于液体内部同一深度向各个方向的压强相等,那么该公式就是所求的一般公式。根据压强公式,能否认为液体压强与液体所受重力成正比。为回答这个问题,师生共同讨论法国物理学家帕斯卡在一百多年前所做的桶裂的实验。经过讨论得出,液体压强与液体所受重力不成正比。

(闫梅红、马燕.教师的教法阐释[M].长春:东北师范大学出版社,2010.)

实例二　实验法在物理教学中的应用
——"熔化与凝固"教学

教学设计

(一)教学设计思想

"熔化与凝固"是一堂探索性实验课,我们的教学任务是引导学生做好实验,让学生自己找出特点、总结规律。所以,在保证学生实验成功上我们下了大工夫:海波和松香的质量,两只烧杯内水的初温度及质量,两只酒精灯火焰的大小等合理的组合和设计,确保了在任何气温条件下实验的成功。

(二)教学重点和难点

晶体有一定的熔点,非晶体没有熔点。海波及松香的熔化实验。

教学过程

(一)师生共同回忆已知知识,导入新课

师:同学们,我们都知道物质的存在有三种状态——固态、液态和气态(板书),并且物质还会从一种状态变成另一种状态。比如,固态的冰可以融化为液态的水,还可以变成水蒸气;液态的水又会凝固成固态的冰(板书)。像这种物质状态之间的变化叫做物态变化。今天,我们学习发生在固态和液态之间的物态变化，研究熔化和凝固的规律。

师：下面先看一段录像，观察两种常见物质在熔化和凝固时的情形。
[放录像，学生观看录像，教师往学生实验台的烧杯里(分别装有海波和松香)倒温度不同的水。]

师：冰、松香在熔化和凝固时的情形一样吗？

生：不一样。

师：冰在融化，水在结冰时是什么样子，松香在熔化和凝固时又是什么样子？谁能说一说？

生：冰在融化时是一部分冰先化成水，冰越来越少，水越来越多，试管内有冰也有水，后来全化成了水；水在凝固时是一部分水先结冰，试管内有水也有冰，最后全部结成冰。而松香熔化时整体先变软、变粘，最后变稀；凝固时先变稠、变硬，最后全变成固态。

师：是这样的。冰在融化和水在结冰时都有明显的固液共存状态，而松香没有出现固液共存状态(板书)。放映熔化和凝固的课堂录像。

(二)晶体有熔点，非晶体没有熔点

师：从录像中我们已经看出，不同物质熔化和凝固时的情形不同，还有什么特点呢？它们在熔化和凝固时温度的变化会不会也不相同呢？这就是本节课要解决的重点问题，我请大家做实验来完成。

1. 实验前教师指导

今天，我们所选用的物质除了松香外还有海波——白色固体。放在同一铁架台上加热，实验时有录音机每隔一分钟报时一次。同学们的任务是对比观察它们的温度及状态变化情况，并记录在发给你们的表格上，某一时刻海波的温度是多少，松香温度是多少，分别填入对应温度栏，记录海波的状态时是固态，你就填"固"；是液体，你就填"液"；若固态、液态同时存在，就填"固液"。

海波的熔化实验要求较高，实验时要不停地对海波搅拌(示范)，松香的熔化比较好做，不需搅拌，只要每隔一段时间轻轻试触一下，看看是不是变软变黏就行了。

实验时每组4人，要认真观察，并分工做好记录，先读海波，后读松香，听着录音机报时做实验。

2．学生实验

教师指导：(放录音，学生跟着做实验)点燃两只酒精灯，分别对海波和松香加热，分工并做好观察记录准备。（教师：读数和记录的两名同学分好了吗?)开始搅拌海波。（教师：谁先搅，请站起来。)开始记录温度，0时……

3．实验中教师指导

(1)两分钟前：①点灯情况；②搅拌情况；③分工明确情况。稳定下来，教师画图。

(2)四分钟报时：海波快要熔化了，有的已开始熔化，各组搅拌不能放松。

(3)六分钟报时：海波和松香都已熔化，注意搅拌，注意观察温度。

(4)九至十分钟报时：我看海波已经熔化完了，统统停下来。熄灭两只酒精灯。把海波中的温度计取出来，用桌子上的抹布擦干净装入纸筒。

师：(学生汇报实验，师生共同总结)今天的实验大家做得都很认真，下面是第四组的实验记录(打出记录表)。下面请同学们认真观察海波、松香两个实验记录(针对表格提出问题)，海波在整个加热过程中温度是如何变化的，松香在整个加热过程中温度是如何变化的，找出海波和松香在整个物态变化过程中温度的变化到底有什么不同。

生：海波开始升温，熔化时吸热，温度不变，熔化完又升温；松香从开始变软变稀一直升温。

师：的确是这样(指表格记录，用红笔在4个48℃下面画一条线)。物理学中经常用图像研究实验，分析实验现象，从中找出规律。（介绍图像画法)方格纸上取一横轴表示时间，单位是"分"；取一纵轴表示温度，单位是"℃"。实验开始时海波的温度是40℃，就从纵轴上找到40℃描出这个点，第四分钟，温度达到48℃，就从横轴上找到48℃，描出这个点（师生共同完成所有对应点的描出）。这样，表格上每一时刻的温度值都可以在方格纸上找到一个对应点，把这些点用平滑的曲线连接起来，（画图）就是海波的熔化图像。用同样的描点法可以绘出松香的熔化图像。

师：谁能看出来海波和松香熔化图像有何不同？为什么会有这种不同？

生：海波的熔化图像上有一段是水平的，而松香的熔化图像是斜线上升的。

师：正是因为海波在熔化过程中温度保持不变，图像上就有一段跟横轴平行(示意)，松香在熔化整个过程中温度不断升高，是这样一条斜向上升的曲线。图像是表示物理现象的另一种方法，且非常清楚直观。请告诉老师哪一段表示固态海波吸热升温。

生：AB段。

师：哪一段是海波的熔化过程？

生：BC段。

师：哪一段是液态海波吸热升温？

生：CD段。

师：(根据学生回答总结)海波和松香在整个过程中都要经历固态升温、熔化和液态升温三个阶段，不同的是海波必须达到48℃才开始熔化，并且在熔化过程中温度保持48℃不变，也就是说，海波有一定的熔化温度。而松香在整个熔化过程中温度不断上升，没有一定的熔化温度。人们通过大量的实验发现，物质要么像海波一样在一定的温度下熔化，要么就像松香一样没有一定的熔化温度。冰、食盐、各种金属都像海波一样是在一定的温度下熔化的，我们把物质的熔化温度叫做熔点。把具有熔点的这类固体叫晶体。像松香这样没有一定熔点的固体叫非晶体，玻璃、沥青等固体是非晶体。

师：刚才我还发现一个组海波开始熔化温度是45℃，还没熔化完温度已升到50℃，这可能是……

生：(接答)搅拌不均匀或者温度计的玻璃泡碰到了试管底或试管壁。

师：看来实验时仔细、认真、正确操作多么重要。

(三)晶体和非晶体的凝固

师：大家知道(指板书)凝固是熔化的逆过程，假如把熔化后的海波和松香从热水中取出来放在冷水中，它们会发生什么物态变化？

生：凝固。

师：如果再让你观察并记录温度作出凝固图像，请同学根据它们的熔化图像，大胆地猜想一下：它们的凝固图像会是什么样？试着画一画。

生：(推测)……

师：你们推测的和这位同学画出的相同吗？

生：相同。

师：同学们，你们推测对了，大量的实验表明，液体放热凝固成晶体时，先是温度下降，降到一定温度开始凝固，凝固过程虽不断放热，但温度不变，直到全部凝固为固态，再继续放热，温度还会下降。液态晶体凝固时的温度叫凝固点，同种物质的凝固点跟它的熔点相同。海波的熔点是48℃，它的凝固点也是48℃。而非晶体在凝固过程中，不断放热，不断凝固，没有凝固点。这是晶体还是非晶体凝固过程的不同特点。

师：前面讨论了晶体、非晶体在熔化和凝固过程中的不同点，不论晶体还是非晶体在熔化过程中都要具备同一个条件，谁知道这个条件(举酒精灯示意)？

生：熔化过程要用酒精灯不断对它们加热。

师：显然，凝固过程都要……

生：(接答)对外放热。(教师接着板书)

师：(小结)好了，回过头来看一下今天我们所学的内容(指板书，停留一段时间)。今天我们学习了三个方面的内容：(1)知道了物质由固态变成液态的过程叫熔化，由液态变成固态的过程叫凝固。(2)通过看录像、做实验，认识到物质可分为晶体和非晶体两大类。它们在熔化和凝固时的不同点是：晶体有一定的熔点和凝固点，非晶体没有熔点也没有凝固点；相同点是：熔化时吸热，凝固时放热。（3）初步学习了根据实验记录作图像，用图像直观地表示一个量随另一个量变化的关系。另外，上述特点是你们通过实验对比分析得出的。这种观察实验现象分析得出物理知识的方法是学习物理的基本方法，希望同学们在今后的学习中逐步掌握并学会使用这种方法。

（四）课堂练习

师：这是几种物质的熔点表(列出熔点表)。请同学根据熔点表回答问题：熔点表中的物质都是晶体吗？

生：都是晶体，因为晶体才有一定的熔点。

师：读出铁、铝的熔点(学生读出)，请问：能用铝制的锅来熔化铁吗？为什么？

生：不能。因为从熔点表上可以看出，铝的熔点比铁的熔点低，在加热过程中铝锅会先熔化，不能使用了。

师：中国北部的漠河地区冬季气温可达零下52.3℃，如果用温度计测量当地的气温，你是用水银温度计，还是用酒精温度计，为什么？

生：我使用酒精温度计。从熔点表中我们知道酒精的熔点比水银低得多，也就知道了酒精的凝固点比水银的凝固点低，在零下52.3℃时，水银已成固态，而酒精还是液态，仍可用来测量温度。

师：对了，常用温度计是根据液体的热胀冷缩性质制成的。下面请同学们看一个思考题(打出)，假如把正在熔化的海波从热水中取出来，放入0℃的水中，固态的海波能不能继续熔化，液态的海波能不能马上凝固，为什么？

（生圆满回答。留给学生两分钟时间看书，提问题并解决问题。）

（五）布置作业

（闫梅红、马燕.教师的教法阐释［M］.长春：东北师范大学出版社，2010.）

第五章 以欣赏、陶冶活动为主的教学方法

第一节 暗示法

一、暗示法的产生与发展

暗示教学法是保加利亚的心理疗法专家乔治·洛扎诺夫 (G. Lozanov) 于 20 世纪 60 年代中期首创的。他在保加利亚学完了医学和心理疗法的全部课程，后又在前苏联获得哲学博士学位。在 1955 年洛扎诺夫用暗示疗法 (suggestion therapy) 治愈了一位记忆衰退的病人。他对病人的治疗不是去治疗具体的病症，而是向患者暗示某种观念，使患者在接受这些观念的过程中解除心理上的压力和负担，从而使疾病症状得以减轻和逐渐根除。这位病人不仅恢复了记忆，而且还拥有了超强的记忆力，这使洛扎诺夫受到启迪。他创立这种教学理论和方法的设想，还源于他对印度的一次访问。那里有一种古老的宗教——"瑜伽教"，亦称"婆罗门教"，它的教经"吠陀经"以浩繁著称，共四大卷，仅其中第三卷就有 15.3 万多个单词，而教门却能使学僧记住"吠陀经"，洛扎诺夫对此产生了极大的兴趣，潜心研究这种教法，这就是最早期的暗示法。

此后，洛扎诺夫集中精力研究暗示教学法，他开始为一些记忆力不好的人进行实验。一个在业余学校学习的工人，时常感到记忆力差，学习效果不佳，于是洛扎诺夫对他进行了暗示法的诊疗实验，结果使这位工人的记忆力有了很大提高。他只要看一次诗歌就能完整地背下来。在多次试

验的基础上，他公开宣布，用暗示教学法能使人的记忆力提高 50% 以上。洛扎诺夫认为传统教学与时代发展不相适应，必须进行教学改革。 1965年，洛扎诺夫在保加利亚成立了暗示教学法研究小组，1966 年保加利亚成立洛扎诺夫学院。 1972 年在普通教育领域开展实验。 这些实验的结果都证实了暗示教学法在发掘人的学习潜力方面功效非常突出。 20 多年来，召开了两次(1971 年和 1976 年)国际性暗示教学的学术会议。 1976 年在美国洛杉矶召开的学术会议上，许多国家用不同的语言出版了暗示教学的书。在会议上基于洛扎诺夫对教育学、心理学和教学论做出的卓越贡献，把暗示教学法也称为"洛扎诺夫教学法"。 北美还成立了"暗示和加速教学学会"，现在已有 20 多个国家重复了此实验，并取得了超过常规教学数倍至数十倍不等的教学效果。 暗示教学法在国际上已经形成了一大教学流派，对促进教学改革、完善教学过程、丰富我们的教学理论是具有历史意义的。

二、 暗示法的内涵与特点

(一) 暗示法的内涵

暗示是人们在日常生活中最常见的心理现象，暗示是人或环境以非常自然的方式向个体发出信息，个体无意中接受这种信息，从而做出相应反应的一种心理现象，心理学家巴甫洛夫认为暗示是人类最简单、最典型的条件反射。

洛扎诺夫给暗示教学法下的定义是："创造高度的动机，建立激发个人潜力的心理倾向，从学生是一个完整的个体这个角度出发，在学习交流过程中，力求把各种无意识结合起来。 暗示教学法力求在学习和交际过程中，把各种无意识暗示因素组织起来，以增强学习者自我控制的潜意识，激发其心理潜力，提高课堂教学效果。"它的特点是强调教室的布置和安排、音乐的使用以及教师的绝对权威等作用。 暗示教学法由此得名，也可翻译为"启发式教学法"和"启示法"，又叫"暗示速成教学法"或称作"强化法"。

笔者认为暗示教学法的本质是通过身体和心理的放松，各种暗示手段的运用，增强学生的自我意识，它从学生是一个完整的个体来设计教学过程，协调学生的有意识心理与无意识心理活动功能，从而激发他们的学习兴趣和大脑的潜能。

（二）暗示法的特点

从1955年洛扎诺夫提出暗示教学法以来，至今暗示教学法在许多国家得到广泛推广和应用。暗示教学法的教学理论之所以能不断发展、完善和成熟，除了有深厚的理论依据作为指导思想，还有着暗示教学法独特的特点。

1. 舒适的环境

包括宽敞的教室、柔和的灯光、轻柔的音乐、舒服的座椅、与学习相关的海报，比如说学习英语，教室的墙壁上就应该贴满有关英国风土人情的海报、图片等，以便让学生有种身临其境之感。

2. 外部学习

无意识的学习胜过有意识的学习。学生通过教室的海报、图片和其他装饰物无意地学习更容易给学生留下深刻的印象，效果更好。所以，这些海报、图片和其他装饰物应该常换常新。

3. 教师角色的重新认同

教师是课堂的组织者，是学生的心理顾问，是学生学习力的培养者，是学生人生的引导者。在教学过程中通过理学、教育学等科学规律的运用，以"人本主义"作为指导思想，充分调动学习个体的大脑和身体，将有意识和无意识的心理活动紧密结合起来，深挖学习个体的内在潜能。

4. 以学生为主体

暗示教学法在教学中的应用，确立了学生在教育中的主体地位，认识到学生的情感或心理状态对学习过程和学习效果有着非常重要的作用。

5. 音乐

在课堂教学过程中利用音乐背景，营造教学情境。通过播放轻音乐，让学生在轻松舒适的环境下身心放松。 教师讲解课堂内容，并尽可能运用声调升降起伏，引起学生"主动注意"。

6.重视练习阶段的师生互动

在课堂练习阶段中，教师要求学生分小组或者一对一，针对问题提出自己的观点，互相商量研究，探讨问题的解决。 教师巡回检查，并适当进行点拨。

7.多种多样的活动

音乐、戏剧、情景剧等多种多样的教学活动要贯穿于教学环节之中。尽可能运用现代教育技术,使课程内容更富戏剧效果,以消除课堂上的紧张压力,达到增进记忆力的效果。

三、暗示法的理论依据

暗示教学法之所以不断发展和完善,在许多国家得到推广应用,是因为其有深厚的理论依据。 暗示教学法的理论依据主要有:

（一）人的可暗示性

人的可暗示性是个体本身所具有的一种普遍品质,环境中的任何一种因素都可以对我们形成某种暗示,形成一种观念,转化为一定的行动或者产生某种效应,这就是可暗示性。 不同的人社会经验不同,智力因素、情感、职业能力和社会地位也不同,接受暗示的能力也不相同。 人都具备接受暗示的能力,但同时也具备反暗示的能力。

（二）创造力的假消极状态（精神放松、情绪安宁的状态）

当人处在精神放松、情绪安宁的状态下,产生的无意识心理活动,最易增强记忆,扩大知识,发展智力,往往有出其不意的效果。 当人们闲余时随手翻阅报纸杂志时,人们的意识全在报纸杂志上,而不是在记忆上下功夫。但是,在这种情绪安宁而又精神放松的状态下,往往对报纸杂志上的某一内容却产生了经久不衰的记忆。 洛扎诺夫认为,这种创造力的假消极状态,对于开发人的生理潜力具有特殊的功能。 对暗示教学法的应用进行研究,就必须重视这种假积极状态下的无意识心理活动。

（三）人的无意识心理活动

无意识活动又可称为非理性心理活动,无意识是人内心最根本的东西,是与有意识和理性心理活动相对的概念。 弗洛伊德对这个现象早有研究,一切有意识的活动都是建立在无意识的活动基础上的。 在无意识的心理活动中,人们不必为它作出努力,所以能缓解心理活动而带来的疲劳,使人们的心理活动变得轻松。 洛扎诺夫说:"即使最强烈的观念,除非和个人的无意识心理倾向相结合,和他的态度动机相结合,和他对某一事物的期待相结合,和他的需要兴趣相结合,并且和他的个人的情绪、智能、意志记忆要求等特性协调,否则是不能产生暗示效果的。" 暗示教学法的艺术,就在于使人具备这种无意识的心理倾向,并指引这倾向和个人的动机、兴趣、期待相结合,以激发个人潜力。

（四）人的潜力

人的潜力是指潜藏在人体内还没有开发出来的能力,也就是人深藏着的、平时感觉不到的、只有在一定条件下才会使用的生理能力和心理能力。 现代生理学和心理学知识表明,人脑的活动,人的心理活动,并不单依靠大脑皮层,皮层下的丘脑、下丘脑、边缘系统、网状结构等都起一定作用,脑的潜能几乎是无穷无尽的。 暗示教学法就是以暗示现象为机制,把无意识心理倾向引向人的潜力开发。 一旦开发出人的一部分潜力,就可以产生与常人相比出众的记忆力、想象力、思维能力、创新能力等,做出令人意想不到的卓越成就。

四、暗示法的实施步骤

洛扎诺夫暗示法的课堂教学程序分为相互关联的三个主要阶段,即准备、讲授和练习。 每个阶段又分为几个大的环节。 教师在运用暗示法时,要在贯彻其基本原理的前提下,按顺序依次进入这三个阶段。 不同的学科可以有许多变式,每个阶段中的环节也可以变化,但三个大的阶段基本不变。

（一）准备阶段

这一阶段的目的是使学生的身体由疲劳和紧张转为放松,以便他们能精力集中地进入学习。它的步骤是呼吸训练→身体松弛→心理平静练习。有节奏地呼吸是暗示教学中的一个重要方法,它不仅用于身体放松,还用于记忆教材。人类在进行紧张的精神活动时,大脑中氧气的消耗量是通常情况下的3倍。把这么多氧气畅通无阻地输送到大脑里,很重要的一点就是进行有节奏的呼吸。呼吸是大脑有意识部分和无意识部分共同控制的动作,通过呼吸可以释放潜在功能。专心致志地集中被动意念和想象可以使心理放松。心理放松的目的是使学生放弃一切杂念,把精力集中到学习上来。平时练习时虽然较复杂,而在学习前实际用时一般5分钟就可以了。另外,每次学习前不必把这三个环节全部做完,可根据具体情况选择个别环节,只要能达到身心放松的效果就行。

(二)讲授教材

这一阶段又分为两个环节——复习和预习。形式可灵活多样,如有的教师播放节奏缓慢的轻音乐,引导学生复习以前学过的知识,通过提问、扮演、小测验、师生共同复习等,让学生在优美的轻音乐中回忆学过的知识,往往能收到事半功倍的效果。戏剧般地讲授教材与传统的讲授教材不同,这一环节一方面有优美的古典音乐作背景音乐,另一方面教师的讲课生动、形象,带有戏剧性,目的是刺激学生在想象中产生联想,尽量多地帮助学生生成意象,即心理图像。

(三)练习阶段

这一阶段注意重现意向练习,目的是使学生能灵活地运用他们在课堂上学习的知识。它分三个环节,这几个环节从简单容易的活动再到复杂的活动激活、精心制作和测验。练习是在教师引导下,利用各种手段创造愉快的气氛,如游戏、唱歌、短剧、娱乐节目等。洛扎诺夫的暗示法的课堂教学程序,一般为四小时的连续上课的时间安排,在时间的分配上,教师要把一堂课的约10%的时间用于准备阶段,约40%的时间用于讲授阶段,约50%的时间用于练习阶段。但是,它要求教师对心理学、音乐等有很高的造诣,一个合格教师的训练需要 160—240 学时。 对教室的环境要求很高（包括物、光、色的和谐）,每班 12 人—14 人。

五、暗示法的教学原则

（一）愉快而不紧张和精力集中的心理放松原则

中国传统的教学告诉人们知识学习是点滴积累的过程,欲速则不达。学习是一件艰苦的事情,需要坚强的意志,因此学生从小便开始对学习怀有恐惧厌烦的心理。 心理学的研究表明,当人们处于不愉快、恐惧、慌乱时,这些消极情绪是会抑制智力发展的。 沃克尔和厄本 1977 年通过脑电图发现,记忆行为好坏与低脑电图指数有关,即人们放松时会学习得更好。 因此,暗示教学法强调教室布置要充满生机,欢快、轻松和舒适的气氛,教师在教学过程中要采用多种方式来诱导激发学生的积极情绪,出现愉快而不紧张的心理状态,使学生感受到学习的乐趣和成功,从而激发学生学习的潜能。

（二）有意识与无意识统一原则

洛扎诺夫认为:"暗示是一种经常性的交流行为,它主要通过无意识的心理创造条件,从而开发人的机能的潜在能力。"传统的教学观念只重视理性的力量,也就是有意识的能力。 这样只发挥了大脑皮层结构和左半脑功能,没有很好发挥右脑的高速学习功能,没有把大脑的有意识和无意识作为一个整体来发挥。 而暗示教学法追求的是有意识和无意识的统一,即感情调节理性,无意识调节有意识的作用,将有意识和无意识作为一个高度统一的整体来发挥,挖掘学生的潜能,达到高效学习的目地。

（三）暗示的相互作用原则

在课堂教学中,学生的综合潜能是指学生理解和吸收知识的速度,巩固程度,运用知识的灵活性、创造性以及记忆力、思维力、理解力、意志、情感、信念和自我意识等的综合发展。 暗示法正是针对人的综合潜力提出来的。 这条教学原则也被叫"暗示相互作用的原则"。 这条原则认为,在课堂上,教师和学生、学生和学生之间都在产生各种暗示作用,所以需要建立融洽的师生关系及学生与学生间的关系。即教师要真心尊重学生，关爱学生，相信他们能够学好，学生也要由衷地尊重教师，相信教师能够教好，同学之间要相互友爱。良好的人际关系有助于师生的身心健康和提高课堂教学效率。

这三条原则是相互制约、不可分割的，他们的理论基础都是心理健康。暗示教学活动中，学习是愉快而不紧张的，是有意识和无意识共同作用的整体过程。

六、暗示法的应用实例

实例一　暗示法在语文教学中的应用

语文教学中，重基础知识、轻作文的现象相当严重，学生作文水平不高。作文是语文知识综合运用能力的集中反映。语文教学中，如何做到"知"与"能"的有机统一值得语文教师们着力探究。下面一节作文讲评课中的片段将二者关系处理得较好。

（教师给每一位同学发一份刻印的讲评习作。）

教师：今天，我们上作文讲评课，发给同学们的是×××同学所写的《改写狐假虎威》原文，在讲评之前，我向同学们介绍一副对联。

（板书：仆本丧心，有贤妻何至若是；妇虽长舌，非老贼不到今朝。）

教师：在岳飞墓前跪着奸臣秦桧与其妻王氏的铁像，有人写了上面的对联，用两块木板分别挂在两人的脖子上，"仆"和"妇"是男女的自称。可以说这副对联是秦桧夫妇的自白。谁能把它译成白话文说说意思？（学生相互议论，情绪活跃。）

（学生相继发言，其中一个较准：我本是丧了良心，但要是有个贤德的妻子何至于弄到这步田地；我虽然爱搬弄是非，不是老贼也不会落到今天这样的下场。）

教师：说得都不错，×××同学说得更准些，老师在上下联前面少写了一个叹词，现在分别添上。（上联添"咳"，下联添"啐"）查查字典看，这两个叹词各表示什么意思？（学生快速查字典，纷纷举手，教师指名回答。）

学生：咳，在这里表伤感、后悔。啐，在这里表示指责、辱骂。

教师：好！现在我还请×××同学模拟秦桧夫妇互相埋怨的语气，用自己的话把这副对联再说一遍。

学生：咳（语调轻而长）…呸！（把"啐"改成"呸"，语调重而短）

教师：学得真像！尤其是一个"呸"，"呸"出了泼妇本色，现在可以肯定地说有叹词比没有叹词好，好在哪里呢？（指名回答）

学生：更传神、更生动、更形象、更富有个性。

教师：叹词虽不起眼，用得好，却大有妙处。它暗示着所要表达的语气、语意的极大的倾向性。现在我们就来为×××同学的习作中的某些对话添上叹词，看看效果如何。（板书：这不是虎大王吗？近来贵体可好？还凑合。）（学生在习作上添上叹词后老师指名，最后选"呵""嗯"。）

教师：我认为"呵""嗯"比较好。呵！这不是虎大王吗？近来身体可好？"呵"表示狐狸故作惊异，表现其狡猾和虚伪。嗯，还凑合。表示老虎答话的漫不经心，表现对狐狸的不屑。下面，我再写两句。"三十年河东，三十年河西，大王您也应该让让位了。叫我让位，做梦！"（教师选中"嘿"和"哼"。）

教师：嘿，大王您也该让让位了。这个"嘿"表现了狐狸的得意，幸灾乐祸的心态。哼！叫我让位，做梦！这个"哼"，表现了老虎的不满与自信。下面，再写两句。（板书：公民们都说我狐狸应该当大王。）（你也配。教师选"哈""呸"）

教师：哈！公民们都说我狐狸应该当大王。"哈"表现了狐狸意得志满的傲慢。"呸"表现了老虎对狐狸的极端蔑视和斥责。（以下略）

点评："良好的开端，成功的一半。"由一副对联引到课题，不但联系紧密，自然贴切，而且饶有趣味，具有吸引力。教师充分挖掘了学生的心理潜力，突出学生的主体作用，使学生的智力达到自我发挥、自我发展。学生产生了浓厚兴趣，思维活跃，投入积极，师生的注意、思维凝聚在一起，共同开展双边活动，达到创意选词的最佳状态。所选例句，适合添叹词。添上之后，效果确实比原句好。学生在积极思考的过程中认识到了"叹词虽不起眼，用得好，却大有妙处"。通过这样的讲评，引导学生在个性化的语言描摹上仔细推敲，使之生动、传神。不少语文教师认为"文章是写出来的，不是改出来的"。因此批改作文比较随意，笼统的评语更是普遍现象，比如，描写不生动，内容不具体，层次不清楚，主题不突出等。到底如何才能生动，如何才能具体，学生却不知其所以然。像这位老师的讲评，可以说是有点睛之妙。改还是需要的，只要善于改，对提高学生的写作水平是大有裨益的。

实例二　暗示法在小学阅读课中的应用

小学低年级阅读课教学的基本原理和成人外语教学一样，问题是如何把暗示教学法贯彻到教学活动中去，以发挥它的全部功效。在教学活动中，不仅使班上的每一个小学生从一开始就获得足够的知识量，满足他们天然的求知欲，还要善于利用他们已经激发的兴趣和体验过的喜悦，不断调动他们的动机和引发他们的好奇心。阅读课分为三大步骤：第一步骤10天。第一天——课堂里挂好图片，每张图有一个彩绘图形和相应的词。这词的第一个字母很艺术地包含在图形里。教师不去引导学生看图片，它们挂在墙上，像是课堂的装饰。第二天——图片还挂着，教师随意地、仿佛无心地旁敲侧击，让学生注意到昨天未曾留意的图片。第三天——图片已从墙上取下，图和词已分开，杂乱地向学生出示。教师引导学生很感兴趣地为一个词找出它的相应图形。第四天——墙上又挂上许多图片，形式和挂过的一样，但内容是一个个字母。教师自讲自话，当然照应着图片，但教师从不引导学生去注意图片。这样，这些图片成了学生的外围知觉，他们从中学到全部字母。第五天——做法和第三天相同。第六天——每个学生都收到几本小书，里面有图有词，都是墙上挂过的。但词图分开，秩序错乱。教师要学生把图与词一一搭配。然后又发给学生几本小书，里面的图词只具轮廓，学生很高兴地填上颜色。第七天——还是墙上出现过的那些图形，但是在幻灯片上，图和词分开投影。学生或是集体地，或是个别地，边看边读。投示的速度增快，阅读的速度跟着加快，但总是恰够学生的视觉跟得上。第八天——利用出现过的词构成短句，每句插上一个生词。这些短句，组织在游戏里，以逐渐增快的速度让学生读。这样，学生读的是完整的句子。在阅读课上就像上外语课一样，从来不主张教学生读音节的。第九天——由学生演出短剧。剧情要求能激发学生的好奇心和促使他们参加演出。台词要求利用学生学过的词编，适当地掺入生词。学生随着剧情展开，每理解一个生词，就觉增加一分兴趣。第十天——学生集体地或个别地读几首短诗。读时遇到生词，以熟词一样的速度读过，从不停顿。这样，学生的注意力就会放在意义上，从整首整句猜出生词的词义，生词便和整首诗一同默记于心。

第二个步骤也是10天，这10天的特点是：不单以熟词带生词，而且不断引进新句，它的目的在于加快阅读速度，避免因单词读破音节；每一课课文只读两遍，避免记忆。也发给学生几本小书，里面的课文都很短，都是有韵而有趣的散文，按递增读速的要求编写。每一课出现的生词和新句，以能激发学生的愉快情绪和增强他们的好奇心为准则。

第三个步骤读的是常规的教科书，不过进度快，阅读量大。教师要学生时而集体朗读，时而个别朗读，穿插游戏，变换读速，使同一教材尽可能以不同的方式出现。这使阅读课具有不重复的特点。在实验中，两年的教材一年教完，而且消化得很好。

（商继宗.教学方法：现代化的研究［M］.上海：华东师范大学出版社，2001.）

实例三　暗示法在小学算术课中的应用

　　每一教学单元可以分为四个步骤：

　　演剧——合演或独角戏都可。由学生自编，教师可以出主意。主意一定要出使学生感兴趣的，教学意图隐含而不令人感觉到的。所含算法，一定要出现在学生注意力最集中的剧情高潮时，并使答案成为悬念的消释，这样引导学生热心于创造性的活动。

　　图片——教学单元经过这样的处理，再以图片形式把它的重要问题悬挂在课堂四壁。图片有算式，有文字，有图画。它们也像阅读课一样，仿佛是课堂上的装饰。教师不特别地引导学生注意这些图片。这又是利用学生的外围知觉增强学习效果的省时省力的方法。

　　复述——由学生复述其他同学刚演过的短剧，借复述再现本单元的算法算例，它们是在剧情里已经出现过的。然后，教师教一首歌或一首诗，内容也属单元的一个算例，但和短剧中出现的不同。

　　深化——要学生运用学得的知识解答难度较高的习题，习题始终必须是学生感到有趣的。一单元教完，做一次测验。只有当测验证明学生已消化这单元教材的 70％到 75％，才进入下一单元的学习。教师还要经常领着学生去参观访问能使他们感到所学的知识有用、并能激发他们进一步学习热情的地方，这种参观访问是在学年初就开始进行的。

（商继宗.教学方法：现代化的研究［M］.上海：华东师范大学出版社，2001.）

第二节　情境教学法

一、情境教学法的产生与发展

情境教学形式在教学实践中的运用并非现在才有。在我国和西方的教育史上，都有这方面的记述。

早期国外的一些教育家，如苏格拉底、卢梭、杜威、苏霍姆林斯基等都曾提倡和实践过情境教学，在他们的教育论著和教学实践中都留下了对情境教学的经验与思考。大哲学家苏格拉底的"产婆术"，就通过师生谈话来创设特定问题情境，使学生自主思索来解决问题，这种看似简单的教学方法就是以对话式教学为基础的活动理论孕育发展成情境教学法的萌芽。在法国，西方启蒙时期最著名的思想家卢梭的教育名著《爱弥儿》中，也有情境教学法的影子。教师为了教爱弥儿学会辨别方向，把他带到大森林里，可怜的爱弥儿在大森林里迷失了方向，又饿，又累，又迷茫。老师并不直接告诉他回家的路，而是要求他根据森林情境，运用植物学、动物学知识（树叶朝阳则浓密，背阳则稀疏，树干朝阳则干燥，背阴则湿润）来自我判断。聪明的爱弥儿辨别出了方向，很快回家了。这也是利用情境引导学生主动地学习和思索的方式。

最早提出"情境"这一概念的是 19 世纪的美国教育家杜威，他对情境教学做了有益的探索，把情境教学的理论和实践向前推动了一大步。在他的著作《我们怎样思维》中指出："所谓个人生活在世界中，就是指生活在一系列的情境之中。当我们说人们生活在这些情境之中时，'在……之中'的含义是指个人和各种事物以及个人和其他人们之间进行着交互作用。 情境和交互作用这两个概念是互不可分的。 一种经验往往是个人和当时形成他的环境之间发生作用的产物。"杜威认为,好的教学能唤起儿童的思维。 思维就是明智的学习方法,或者说是教学过程中明智的经验方法。 在他看来,没有思维,那就很难产生有意义的经验与体会。 他说:"我们主张必须有一个实际的经验情境,作为思维的开始阶段。"他认为未能给学生设置引起思维的情境是传统教育失败的根本原因。 他提出"思维起于直接经验的情境",认为情境是教学法的第一因素。 他认为,教学过程必须创设情境,依据教学情境设立教学目的从而制订教学计划,利用教学情境激发学生的学习兴趣。 教学的艺术就在于能够创设恰当的情境并能完美地利用恰当的情境来引导学生。 教学中就应该创建一个实际的经验情境并以此作为引发思维的起始阶段,在知行、情境中获得知识,培养情感和思维。 创设教学的关键所在是引起思维的经验的情境,这也正是情境教学法的核心问题所在。

在现代教学思想中,情境教学的模式得到了较系统的反映与应用,如苏霍姆林斯基的教学思想中,十分看重自然情境的教育作用,并提出了"到思想和语言的源头去旅行"这一教学方法。 他经常带领孩子们到大自然中去细心观察,体验大自然的美,学生也从中获益匪浅,在轻松的气氛中学习知识,激发学习兴趣,发展了学生的想象力和审美能力。 苏霍姆林斯基编制了300 页的《大自然的书》里面全是生动鲜明的客观事物的生动精妙形象。他说:"我力求做到在孩子整个童年时期,使周围世界和大自然始终都以鲜明的形象、画面、概念和印象来给学生的思维提供养料。"他在情境教学中身体力行,充分利用大自然精彩纷呈的情境,对学生进行教育,让学生去观察、去体验大自然的美,培养学生的观察力和创造力,促进学生健康成长,对情境教学做了有益的实践和开拓。

1966 年,保加利亚的洛扎诺夫首创的"暗示教学法"使情境教学的发展上了一个新台阶。 洛扎诺夫说:"暗示教学就是利用一定的情境创造高度的动机、建立激发个人潜力的心理倾向,从学生是一个完整的个体这个角度出发,在学校的交流过程中,力求把各种无意识暗示因素组织起来。"这种运用暗示法于外语教学之中,使学习变成一种享受,不可不说是一种突破,在超前意识和创新理念方面而言是种新型教学法。它通过各种暗示手段,通过轻松愉快的音乐、生动有趣的短剧和富有吸引力的游戏等,在课堂教学上创设轻松愉快的情境,从而激发学生的学习兴趣和意愿,让学生学习得其乐融融,使学生的情感和理智互动,从而充分发挥大脑的潜能,达到意想不到的成果的教学效果。可见情境是暗示法的活水源泉,暗示教学的关键之处在于组织和创造情境。这样第一次把情境创设与情感影响结合在一起,使情境教学取得了惊人的、具有轰动效应的教学成果。

20世纪90年代初,以美国和加拿大等为代表的西方国家的教育实践研究者开始探讨一种特殊的教学设计和教学策略——以情境教学和情境学习为基石。开始尝试一系列的课程开发,并取得一定成效。1993年3月,美国《教育技术》杂志专门对情境认知与学习进行探讨。1996年希拉里·麦克莱伦出版了《情境学习的观点》为题的论文,这是情境认知与学习理论研究的集体性成果。从此,在情境学习与计算机教育、课堂教学评价在案例研究等方面取得了突破创新,情境教学的理论与实践研究也逐步在教育研究的相关领域里辐射,包括基础、高等、成人、职业教育等,这种大范围的辐射是社会进步的必然要求。随着建构主义学习论的提出,情境教学更有了坚实的理论基础。建构主义认为学习是在一定的情境下,通过人际间的合作活动而实现的意义建构过程。目前以建构主义教学理论为指导,以网络环境下的情境创设为手段来创设情境教育是领域研究的热门问题,因而这些领域备受人们的追捧。

2001年4月在美国的教育协会年会上,主题之一是课堂教学实践是采用情境教学这一理念,主题之二是情境教学,一些大学教授专门进行了深入探讨。华盛顿州立学校建立情境教学联盟(11所大学和20所中学的联合),开始探索和改革情境教学,其目的是通过情境教学,提高学生的思维能力,解决模拟以及真实问题。美国的俄勒冈州大学为了使教师掌握情境教学的方法论,实施了情境学习联盟的计划。

当代西方学习理论领域研究的热点"情境认知与学习"又是一个重要的情境研究取向。从 20 世纪 80 年代中期至今,西方情境教学随着情境认知和情境学习理论的研究不断获得发展和完善。

在国内,情境教学并非现代教学的产物,而是我国古代教学思想的延伸与完善发展,在我国古代早就有"意境"理论,如大文学评论家刘姗《文心雕龙》中提出"情以物迁,辞以情发",清代王国维在他的代表作《人间词话》中就提出了"境非独谓景物也,喜怒哀乐亦人心中之一境界,故能写真景物、真情感者谓之有境界,否则谓之无境界"的论述,创作中的真景、真情是境界,可谓"意境说"的经典阐释。我国古代教育史上记载着情境教学的真实例子,但这些不能成为严格意义上的情境教学法。例如在《列女传·母仪传》中记载了孟母断机教子以及孟母三迁的故事,孟子的人生重要转折是他母亲运用情境教育了他,最终"卒成大儒"的结果。孟母用心良苦,设置了"断机"这样强烈的情境,达到了说教不能达到的教育效果,以至孟子被尊称为"亚圣",同时孟母也成为伟大贤德的母亲的形象。

在当代有不少学者、专家、教师都对情境教学做过理论探究和教学实践。80 年代后期,随着教学改革的不断推进,著名特级教师、小学语文教学专家李吉林老师针对传统语文教学"呆板、繁琐、片面、低效",压抑儿童兴趣、特长、情感、态度、志向等素质发展的种种弊端,从我国古代文艺理论的"境界说"和外语情境教学中吸取营养,从脑科学和心理学的研究中寻找理论依据,结合自己多年的教育实践,探索了以"美"为境界,以"思"为核心,以"情"为纽带,以"儿童活动"为途径的情境教学模式,后来以此为基础,全面拓展,形成情境教育理论。她认为"情境教学"就是从情与境、情与辞、情与理、情与全面发展的辩证关系出发,创设典型的场景,激起儿童热烈的情绪,把情感活动和认知活动结合起来的一种教学模式。她在小学语文教学实践中,利用众多的形象创设生动具体的场景,引导学生从全局上理解和运用语言,取得了良好的教学效果。她认为,运用情境教学法对儿童发展的作用包含四个阶段：第一,阅读教学时,创设情境,结合言与行,进行逐段的语言训练。 第二,观察情境教作文,引导儿童观察时,充分体验情境,展开联想与想象,习作时在再现情境中构思,促使儿童意动而辞发。 第三,以生活显示情境、实物演示情境、音乐感染情境、图画重现情境、技巧来诠释情境、扮演体会情境、语言传达情境七种不同途径创设情境来对儿童进行美感教育活动,促使儿童由感受美而入境,爱美而动情,理解美而晓理。 第四,以前三阶段作为基础,运用新异性的形式、实践性的内容、启发性的情境方法教学三原则,达到促使儿童的整体发展的效果。 李吉林老师创立的情境教学理论根生于小学语文的教学实践,因而具有相当的普遍意义,并且在实践中得到广泛的运用。

中央教科所于 1996 年底在江苏南通市举办了"全国情境教学——情境教育学术研讨会",多角度、全方位的深入研讨与研究了李吉林老师的语文情境教学理论。 1999 年到 2006 年间,李吉林先后主持了两个全国教育科学规划"九五"重点课题《情境教育促进儿童素质全面发展的实验与研究》和"十一五"重要课题《情境教育与儿童学习的实验与研究》,在情境教育理论的研究上迈开了更为科学化的步伐,特别是以学生学习为研究的视角,使情境教育的研究视角更趋完善与科学。 原国家教委副主任柳斌同志认为情境教育深植于中国土地,极具中国特色,所以用在解决目前中国基础教育的些许问题是行之有效的。 之后情境教学迅速在音乐、体育、政治等学科进行推广实践,很见成效。

目前对情境教学法认识仍是一个不断发展和不断成熟的过程。 它是一种主张通过情感为纽带来构建学生的知识结构、促进学生各方面协调发展及个性培养的教育思想和教学。 进入 21 世纪,人类进入信息化和学习化社会之后,教育向纵深发展,不仅要教学生学会生存、学会学习、学会合作,还要关注学生的心灵发展。 因此,情境教学法作为一种教学模式应渗透于学生学习的所有学科、所有活动中。 经过几十年来的实践,这一教育模式得到了更新发展,从单一学科走向全面的素质教育,为在教育一线的广大教育工作者提供了一条广阔、有效的教学途径。

二、情境教学法的内涵与特点

（一）情境教学法的内涵

"情境"概念来源于古代文艺理论。在中国，最早提出"情境"一词的是唐朝诗人王昌龄。在《诗格》中，他提出"诗有三境"，即"物境"、"情境"、"意境"。其中的"情境"指有情之境。"情境"在《现代汉语词典》中被解释为："情境与情景同义，指（具体场合的）情形、景象、境地。"从心理学角度看，傅道春认为情境是对人有直接刺激作用、有一定的生物学意义和社会学意义的具体环境，具体的自然环境或社会环境。从教育学角度看，《教育大辞典》中将"情境"的含义归纳为三层：第一，整个社会情境由三部分组成——客观环境、个人和群体的生存态度、个人对所处社会情境的解释；第二，个人对外界的反应，不仅受周围环境影响，而且受个人主观看法影响；第三，个人认识任何事物，均具意义，从而产生客观效果。由此可见，情境既指具体存在的社会、自然环境，又指向了能作用于人的心理情境。就教学情境而言，既包括社会环境、学校环境、班级环境，又包括师生关系、学习氛围等。

情境教学法是指在教学过程中为了达到既定的教学目的，从教学需要和教材出发，引入、制造或创设与教学内容相适应的具体情境或气氛，以激起学生热烈的情绪，引起学生的情感体验，帮助学生迅速而正确地理解教学内容，从而提高教学效率的一种教学方法。它包括"五要素"，即以培养兴趣为前提，诱发主动性；以指导观察为基础，强化感受性；以发展思维为重点，着眼发展性；以情感因素为动因，渗透教育性；以训练语言为手段，贯穿实践性。

（二）情境教学法的特点

情境教学具有四大特点，即"形真"、"情深"、"意远"和"理寓其中"。"形真"是情境教学最显著的特点，为学生提供丰富的、有意义的情境，学生在活动中调动多种感官协调活动，动手、动脑，教、学、做合一，在动中学，学中做。学生的知识视野得到了拓宽，特长和能力得到培养和发展。"情深"是指学生的形象思维占优势，整个情境教学过程中，非常强调学生的主动参与意识，创设以学习者为中心的学习环境，强化感受性。"意远"和"理寓其中"是指情境教学变封闭教育为开放教育，让学生深入到广阔的社会生活领域，以鲜活的情境激发学生情感，渗透教育性等。以上四个基本特征，相互联系，相互影响，体现了情境教学的本质，发挥着独特的育人功能。

三、情境教学法的理论依据

(一)情感和认知活动相互作用的原理

情感和认知活动相互作用的原理在情绪心理学研究中有所体现，即个体的情感对认知活动具有动力功能。动力功能是指情感对认知活动的增力或减力的效能，也就是健康的、积极的情感对认知活动起积极的推动和促进作用，消极的、不健康的情绪对认知活动起阻碍和抑制作用。课堂教学的实践证明：欢快活泼的课堂气氛是取得优良教学效果的重要条件，学生情绪高涨和欢欣鼓舞之时往往是知识内化和深化之时。

脑科学研究表明，人的大脑功能，左右两半球既有分工又有合作，大脑左半球是掌管逻辑、理性和分析的思维，包括言语的活动；大脑右半球负责直觉、创造力和想象力，包括情感的活动。传统教学中，无论是教师的分析讲解，还是学生的单项练习，以至机械的背诵，所调动的主要是逻辑的、无感情的大脑左半球的活动。而情境教学是让学生先感受而后用语言表达或边感受边促使内部语言形成的积极活动。感受时，掌管形象思维的大脑右半球兴奋；表达时，掌管抽象思维的大脑左半球兴奋。这样，大脑两半球交替兴奋、抑制或同时兴奋，协同工作，大大挖掘了大脑的潜在能量，学生可以在轻松愉快的气氛中学习，直接提高学生对学习的积极性，使学习活动成为学生主动进行的、快乐的事情。因此，从生理上讲情境教学可以获得比传统教学明显良好的教学效果。

(二)认识的直观原理

三百多年前，捷克教育家夸美纽斯在《大教学论》中写道："一切知识都是从感官开始的。"这反映了教学过程中学生认识规律的一个重要方面，即直观可以使抽象的知识具体化、形象化，有助于学生感性知识的形成。情境教学法的一个本质特征是激发学生的情感。教师通过给学生展示鲜明、具体、生动的形象，创设有利于学生思维的情境，使学生感到轻松愉快、心平气和、耳目一新，从而激发学生的学习兴趣，使学习活动成为学生主动的、自觉的活动，使学生从形象的感知达到抽象的理性的顿悟，以此推动学生认知活动的进行。

（三）思维科学的相似原理

相似原理反映了事物之间的同一性，是普遍性原理，也是情境教学的理论基础。形象是情境的主体，情境教学中的模拟要以范文中的形象和教学需要的形象为对象，情境中的形象也应和学生的知识经验相一致。情境教学法要在教学过程中创设许多生动的场景，也就是为学生提供了更多的感知对象，使学生大脑中的相似块（知识单元）增加，有助于学生灵感的产生，也培养了学生相似性思维的能力。

（四）人的认知是一个有意识心理活动与无意识心理活动相统一的过程

众所周知，意识心理活动是主体对客体所意识到的心理活动的总和，包括有意知觉、有意记忆、有意注意、有意再认、有意重现（回忆）、有意想象、有意表象（再造的和创造的）、逻辑和言语思维、有意体验等。但遗憾的是，包含如此丰富内容的意识心理活动仍然不能单独完成认识、适应和改造自然的任务。情境教学的最终目的也正在于诱发和利用无意识心理提供的认识潜能。

自弗洛伊德以来，无意识心理现象为越来越多的学者所重视。所谓无意识心理，就是人们所未意识到的心理活动的总和，是主体对客体的不自觉的认识与内部体验的统一，是人脑不可缺少的反映形式，它包括无意感知、无意识记、无意再认、无意表象、无意想象、非言语思维、无意注意、无意体验等。该定义强调无意识心理活动具有两个方面的功能：一方面是对客体的一种不知不觉的认知作用。如我们在边走路边谈话时，对路边的景物以及路上的其他东西并未产生有意识的映象，但我们却不会被路上的一堆石头绊倒。原因就是"石头"事实上引起了我们的反应，并产生了"避让"这种不自觉的、未注意的、不由自主的和模糊不清的躯体反应。另一方面是对客体的一种不知不觉的内部体验作用。常言的"情绪传染"就是无意识心理这一功能的表现。例如，我们会感到无缘无故的快活、不知不觉的忧郁，这往往是心境作用的结果。心境本身就是一种情绪状态，它能使人的其他一切体验和活动都染上较长时间的情绪色彩。

研究表明，无意识心理的上述两个功能直接作用于人的认知过程。首先它是人们认识客观现实的必要形式；其次它又是促使人们有效地进行学习或创造性工作的一种能力。可见，无意识心理活动的潜能是人的认知过程中不可缺少的能量源泉。情境教学的目的就在于尽可能地调用无意识的这些功能，也就是强调于不知不觉中获得智力因素与非智力因素的统一。

（五）人的认知过程是智力因素与非智力因素（或理智活动与情感活动）统一的过程

教学作为一种认知过程，是智力因素与非智力因素的统一。所以，人们常言"晓之以理，动之以情"就是这个道理。教学活动是由教师与学生共同来完成的，师生间存在着两条交织在一起的信息交流回路，即知识信息交流回路和情感信息交流回路。知识回路中的信息是课堂教学内容，信息载体是教学形式；情感回路中的信息是师生双方情绪情感的变化，其载体是师生的表情（包括言语表情、面部表情、动作表情等）。二者相互影响，彼此依存，从不同的侧面共同作用于整个教学过程。无论哪一条回路发生故障，都会影响到教学活动的质量，只有当两条回路都畅通无阻时，教学才能取得理想的效果。

四、情境教学法的操作模式

情境教学法的操作模式是以"美"为突破口、以"情"为纽带、以"思"为核心、以"练"为手段、以"周围世界"为源泉。教师在实施情境教学时通过再现美的教学内容，选择美的教育教学手段，运用美的教学语言表现美的教师仪态，从而达到美的境界。以情为纽带就是老师在教学中去传递爱，在审美愉悦中让学生与教材产生共鸣。在和谐的师生关系中，在认识世界的典型场景中，让情感点燃智慧的火花，让儿童的思维飞起来。以"思"为核心就是教师应该真正把教学转变为引导学生自主地学，让学生在真正的心理自由、心理安全的环境中，大胆想象，大胆猜测，敢于标新立异，独立提出自己的想法和做法。以"练"为手段就是以"儿童活动"为途径。在教学中教师引导学生探究地学习，有意识地把学生一步步带入相关情境，让学生感到"我即在情境中"。在情境中，教师指导儿童去看、去听、去操作，充分地感知和体验情境的主体或是细节。情境中鲜明的形象、热烈的情绪，使眼前形象与学生视觉记忆系列中的形象连续地、跳跃式地进行着。联想、想象活动近乎无意识地展开，右脑的非语言思维显得十分活跃。教师因势利导，以师生的情感交流、教学的民主渲染、鼓励创造的氛围。

五、情境教学法应遵循的原则

为了使情境教学真正发挥作用，让学生在活动中掌握所学的知识，以提高应用能力，在设计创设情境教学时，教师应遵循以下几点原则：

（一）意识与无意识统一原则

人的心理活动有在意识与无意识之间不断转化和可暗示的特点。情境教学用创设情境的方式来影响和调节学生的心理活动，激活右脑，联想、想象活动近乎无意识地展开，右脑的非语言思维显得十分活跃，以无意识导引意识。通过情境的暗示作用来一步步地达到教育教学的最终目标。暗示其实是一种无意识的影响作用，学生的审美情感在它的作用下被唤起后，又移入到所面对的、与教育影响有关的人、物、事件和景物等感知对象上而加深情感体验，实现了教育教学的审美化，这正是情境教学要追求的效果。

（二）智力与非智力统一原则

基于学生的认识是智力因素与非智力因素相统一的过程这一客观现实，情境教学在活动过程中，既抓住学生的感知、记忆、思维等智力因素，又要考虑如何调动其情感、兴趣、愿望、动机、无意识潜能等对智力活动的促进作用。一方面，它把训练发展学生的创造性思维作为教育教学的重要任务，并在教学活动过程中具体地体现出来；另一方面，又力图结合和照顾到学生的动机、愿望、兴趣、需要等，使学生通过情境活动获得探究的乐趣、认知的乐趣、审美的乐趣、创造的乐趣、道德向上的乐趣。

（三）愉悦轻松体验性原则

该原则根据认知活动带有体验性和人的行为效率与心理激奋水平有关而提出。情境教学所创设的情境渗透着学生生活空间特有的轻松情趣，既有教师的期望，又富于美感，充满智慧。情境活动直接指向学生的心灵，由此得到的是赏心悦目的形象感染、愉快的审美需求的充分满足。这种愉悦成为一种推动学生向教师创设的情境活动的主体地位迅速转化的强大力量。同时学生对教学的全身心投入使情境更为丰富，活动气氛的感情色彩更为强烈。教师在轻松愉快的情境或气氛中引导学生产生各种问题意识，展开自己的思维和想象，思维的"过程"同"结果"一样重要，使学生把思考和发现体验为一种快乐，而不是一种强迫或负担。

（四）师生互信互重下的自主性原则

该原则强调两个方面：一是良好的师生关系，二是学生在教育教学中的主体地位。良好的师生关系是情境教学的基本保证。教学本是一种特定情境中的人际交往，情境教学更强调这一点。在新型的情境教学模式中，学生也是主体，是主动的主体。它要求学生改变传统的学习习惯，发挥自主参与作用。学生能否转变自身的学习角色，发挥自主参与作用，是新型教学模式的主要标志。自主性原则使情境教学从学生的实际出发，鼓励学生独立思考，自我评价。它意味着一切活动都必须建立在学生积极、主动和快乐的基础上。

六、情境教学法的应用实例

实例 "孙悟空上花果山"

小学三年级的身体基本活动能力和武术基本功提高课单元教学时数：1～3 课时

第一阶段——导入情境和准备活动阶段(10 分钟×1 或 3)：

在教学开始阶段，教师导入情境：同学们，大家喜欢孙悟空吗？你们是不是也希望能像孙悟空那样身体矫健，力大无穷呢？要身体矫健和力大无穷就要勤于锻炼身体，大家看我们操场的"快乐体育园地"中有许多体育设施，今天就让我们利用这些设施锻炼锻炼身体。今天你们就是一群小猴王，老师今天是老猴王，让我们大家就想象着孙悟空去西天取经，老师带着你们在校园里的各种体育器材上做各种练习，好好练练本领，好吗？然后老师带领学生做准备活动。

第二阶段——在情境中活动阶段(20 分钟×1 或 3)：

教师带领全班学生在校园中的各种器材上做练习。练习有：梅花桩上走、旧轮胎上走、绕树跑、爬绳、爬杆、走独木桥、走软梯、爬软梯、支撑跳过轮胎群、短距离疾跑等。教师带领着做动作，并让学生边学边练，边唱边模仿，使学生们在想象中既学会动作，又体验克服困难的精神，师生关系和睦，教学氛围充满情趣。

第三阶段——武术基本功练习阶段(10 分钟×1 或 3)：

教师带领学生做武术基本功的练习数组，然后学习拳术、棍术。

第四阶段——导出情境和总结阶段(5 分钟×1 或 3)：

教师总结学生们的练习情况，指出学生身体基本活动能力发展的不足，指出武术学习中共同的缺点，鼓励同学们要加强锻炼身体，最后大家一起高唱"你挑着担，我牵着马……"结束了体育课。

点评：上述案例中创设的情境是"孙悟空上花果山"，可以说在了解学生的年龄特点和身体条件方面、有效地利用场地器材方面以及教学内容的安排方面都做得恰到好处，因此取得了很好的教学效果。 首先，教学对象方面，三年级的学生正是天真活泼、活跃好动并富于想象的年龄，孙悟空这个形象是孩子们眼中的英雄，神通广大，本领超群，深受孩子们喜爱。 因此，情节的创设符合学生的年龄和喜好，学生的兴趣一下被调动起来。 其次，场地器材方面，教师根据学校现有"快乐体育园地"中的各种体育设施，让孩子们做各种走、跑、跳、爬等身体动作，这种形式与动作本身都与孙悟空的本领有着很大的相似性，可以进一步将学生引入到情境中去。 学生边学边练，边唱边模仿，在想象中既得到身体锻炼，又体验了克服困难的精神，使枯燥的练习变得充满情趣。 最后，在教学内容方面，武术中的棍很容易使孩子们想象成孙悟空的金箍棒，想象着孙悟空运用金箍棒的本领会继续激发学生练习棍术的欲望，积极性很高。 由此可见，上述案例中的情境创设安排得非常自然，学生们的积极性也被充分地调动了起来，不但很好地完成了教学任务，而且课堂气氛活跃，师生关系融洽，教学效果突出。

（毛振明、于素梅.体育教学方法选用技巧与案例［M］.北京：北京师范大学出版社,2009.）

第六章 以引导探究为主的教学方法

第一节 发现教学法

一、发现教学法的产生与发展

第二次世界大战以后，西方各工业国家的科学技术和经济发展进入了空前繁荣的"黄金时代"。尤其是前苏联和美国，都在力图发展科技，追求发明创造的人才。1957年前苏联人造卫星成功发射后，这一消息震惊美国，由此深感美国学校的科学教育水平落后于前苏联，而这一罪过归于杜威实用主义教育的不良影响。美国开始要求教育要充分利用现代科学技术发展的新成果充实课程的抽象理论，并通过教学发展学生的智力和能力，培养大批科学技术专家和工程师，以确保美国在科技、军事上的优势地位。1959年美国科学院邀请了34位专家学者，召开了著名的"伍兹霍尔会议"，美国著名的认知学派心理学家、教育家布鲁纳担任大会主席。1960年《教育过程》一书用结构主义的观点阐述了他旨在改革美国中、小学课程的理论假说——"学科结构说"，并指出"在知识大爆炸时代，应寻求新的方法向新一代传授那些正在快速发展的大量知识"。这里，他所寻求的新方法就是发现教学法。在布鲁纳的大力倡导下，60年代的美国中小学广泛使用了发现法。

在这一时期，芝加哥大学教授施瓦布试图以"科学的结构"和"科学的结构是不断变化的"为前提，揭示探究与发展过程的本质及特征。他认同布鲁纳的观点，主张学习者要被作为"小科学家"看待，在教师的指导下进行探究学习，以掌握学科结构。所以说，不同于布鲁纳是从教育内容的侧面展开他的"发现学习"理论，施瓦布是从教学方法的侧面展开他的"探究学习"理论的。

探究与发现学习理论的代表人物之一加涅在1963年发表题为《旨在探究的学习条件》论著，为探究学习的实践研究奠定了理论基础。加涅认为，传统教学的特点是大量灌输权威性的事实或有关科学原则的教条，传统的教学也几乎不考虑如何使儿童掌握探究的态度和方法。教科书只是记载一系列的科学结论，而学生学习的目的不仅是为了解这些科学的事实与结论，他们还需要知道这些科学知识与结论是怎样产生的。加涅同时认为，学生有效地进行探究的前提条件要具备一定的知识和能力。

在美国，作为探究训练研究所所长，萨奇曼对探究与发现学习的理论与实践也做出了一定的贡献。1966年他实施了《探究发展计划》（简称IDP），该计划主要在初中自然科学中实施，其目的是激发和维持学生的探究兴趣，培养探究与发现能力。

70年代以后，更多学者对探究与发现法倾注了热情。如日本教育学者降旗胜信发表的《探究学习的理论与方法》，系统地探讨了探究学习的基本原理。他主张现代科学教育是让学生动手"做"科学，而不是"读"科学，要使传统教学的"教材中心"、"教师中心"让位于"方法中心"（过程）、"学生中心"。

由上可知，由于加涅与布鲁纳的巨大贡献，发现教学法开始形成较为完整的体系，并在其他许多教育家的努力下，不断得以完善和发展。

二、发现教学法的概念

"发现教学"（discovery instruction）是指在教师的启发诱导下，学生通过对事实和问题的独立探究、积极思考，自行发现并掌握相应的原理和结论的一种教学方法。理解发现法要把握以下三点：

第一，发现的主体是学生。贾罗利默克与福斯特指出："学校的任务是通过教学把学生塑造成自我决策者、批判性思维者和问题解决者。所以，学生的学习要以探究为中心。"在探究学习过程中，学生要发挥极大的学习积极性、自我发现的主动性，必须动用他们的才能、智慧和判断力，竭尽全力去解决问题，并不断地追求各种答案。所以，发现的主体是学生，学生是积极的探索者。

第二，发现的过程主要是一种"再发现"过程。在《发现的行为》一文中，布鲁纳对发现法作了详细的描述，他指出："发现不限于寻求人类尚未知晓的事物，确切地说，它包括用自己的头脑亲自获得知识的一切方法。"学生的发现不局限于人类对未知世界的发现，更为重要的是凭自己的力量对自己未曾认识的事物的认识。这种再发现不是原原本本沿着科学家的发现过程进行的，而是要符合青少年儿童的认识规律。

第三，发现过程是在教师指导下进行的。发现教学具有较大的灵活性，没有什么教师非遵守不可的规则或固定的行为模式，一切都依师生双方的实际情况而定。尤其是在教师"引导"与学生"发现"的结合问题上，对教师要求较高。所以，每一个教师都必须自己去发现什么时候可以使用这种方法以及如何使用这种方法最好。因此，教师既不能放任自流，也不能任意摆布。这对教师的自身素质、专业水平及反应能力都提出了较高的要求。

三、发现教学法的作用

综合学者们的观点，我们认为，发现教学法的作用主要有以下四个方面：

(一)有助于激发学生学习的内在动机

发现法不是讲解式的，而是假设式的，能让学生保留一些令人兴奋的观念系列，引导学生自己去发现，使之成为科学知识的发现者。当学生在探索和研究过程中有了自己的"发现"时，就必然产生成功的喜悦，从而使学习的外在动机转化为内在动机。可见，"发现法"教学模式的核心和精髓，就是要求学习者由"被动接受"知识转化为"主动发现"的"积极学习"。所以汉森指出："探究学习的学生有最强大的学习动力——内在动力，并且是为了学习的乐趣而进行学习。"

（二）有助于培养学生主动探索、独立思考的能力和习惯

运用发现法，需要学生像科学家一样积极地探索未知世界，亲自去发现问题的结论和规律，成为一个"发现者"。这种教学方法使学生学会独立思考，日积月累，必然培养了学生主动探索、独立思考的能力和习惯，这将使他们终生受用无穷。所以，发现教学法比教授法有更多的优点，学生在探究学习过程中表现得更具活力，促使学生有逻辑地思考问题，探明事物之间的关系，从而提高他们的思维水平和综合能力，使学生学会学习。

（三）有助于训练学生解决问题的技能和技巧

贾罗利默克认为，发现的主要作用是发展学生的批判性思维和解决问题的能力。教师在教学过程中经常运用发现法进行教学，就会促进学生对新问题提出假设、预测，观察思考，直至解决。这样，将会逐步培养学生掌握收集资料、改造利用资料去解决问题的习惯和方法，从而提高学生解决问题的能力。布鲁纳十分重视培养学生运用假设、对照、操作的发现技巧，他认为通过假设技巧从直觉思维到分析思维，可使学生有效地运用知识解决问题。

（四）有助于学生有效地获取和巩固知识

探究与发现学习虽然更强调学习过程，但从不忽视学习结果。发现法使学生学会了探究问题的方法，从而可以巩固对知识的记忆。布鲁纳说得好："亲自查明或发现事物的特性的真正态度与活动，看来必具有使材料更容易记忆的效果。"事实证明，探究发现的过程，是一种有意义的、有效率的学习过程。因为学生经过自己探索而自行发现的新知识是经过深思熟虑、真正理解的知识，这种知识能有机地纳入原有的知识结构，内化为自己的知识，因而就能长久地保持在记忆中。

四、发现教学法实施的步骤

关于发现教学法的步骤，不同学者或论著有不同的表述。现试举几例：

陈元晖主编的《教育与心理辞典》写道："运用发现法的一般步骤是：(1)创设问题的情境，使学生在这种情境中产生矛盾，提出要解决的问题；(2)学生利用教师与教材提供的材料对所提问题提出解答的假设；(3)从理论或时间上检验自己的假设，有不同观点可展开讨论；(4)对争论作出总结，得出共同的结论。"①

美国学者克拉克与斯塔尔认为，发现学习经历以下六个阶段：(1)选择某个或某些问题；(2)创设问题情境；(3)提供解决问题、质疑、操作等所必需的知识经验；(4)提供进行比较分析的知识经验；(5)得出结论或概念；(6)运用结论或概念。

罗正华主编的《教育学》写道："发现法"的运用，一般可分为四个阶段或六个阶段的教学。四个阶段是：(1)自觉阶段——激发学生的自觉性和积极性；(2)探索阶段——提出问题，明确学习目的、要求，使问题具体化，如读读、议议、观察、演示、展示及动手实验；(3)整理阶段——正确认识和理解感知教材，如分析、对比、综合、验证及提出假设等；(4)发展阶段——进行概括、推理及得出结论，从而对概念或理论等起巩固、深化和创新的作用。六个阶段是：(1)准备阶段——调动学生学习的积极性(兴趣、求知欲)；(2)目的阶段——对新教材提出学习目的、要求；(3)揭发阶段——提出问题，启发探索、验证等；(4)整理阶段——分析、综合材料(比较、抽象等)；(5)概括阶段——形成概念、得出结论、验证定律或原理等；(6)运用阶段——用口头或文字表达结论，运用知识解决有关问题。"②

---

① 陈元晖.教育与心理辞典[M].福州:福建教育出版社,1988:115.
② 罗正华.教育学[M].北京:中央广播电视大学出版社,1989:263 - 264.

日本学者波多野完治等主编的《学习心理学手册》把发现学习的基本过程分为四个阶段：第一阶段，带着问题意识观察具体事实。第二阶段，树立假说。在班级教学中树立假说的一大困难是，提出假说的速度有相当大的个别差异。第三阶段，上升到概念。在这里，需要作双重的"精取"：一是逻辑地精取假说的内部，即纠正假设内部的不完整和矛盾，使之具有合乎逻辑的前后一贯的脉络。二是同事实相对照，特别注意同假说不一致的事实，据此重构假说。从不确切的假说上升到精确的概念，主要靠逻辑思维的作用。第四阶段，转化为活的能力。

事实上，发现法在实际操作中不可能严格遵循固定的步骤，教师要根据教学任务、教材特点、实际情况和探究发现活动的状态来决定。综合以上观点，运用发现法的一般步骤如下：第一阶段，教给学生最基本的探究与发现技能，并向学生提出探究与发现的基本要求，以使他们懂得如何进行富有成效的探究与发现。第二阶段，向学生提供探究与发现所必需的材料和情境。第三阶段，学生自行发现问题或由教师提出问题。第四阶段，学生通过搜集资料，尝试解决问题。在这一阶段，学生可以咨询教师，教师不能直接回答，应巧妙地予以点拨，教师也可以对有关问题向学生进行质疑。学生之间也可以相互讨论。第五阶段，反馈和评价发现结果。这可以有多种形式。

五、发现教学法的实施原则

为贯彻发现教学的思想，布鲁纳相应提出教学中要贯彻的四条原则，即动机原则、结构原则、程序原则、反馈原则。

(一)动机原则

动机原则是指促进学生学习的真正动力是内在动机，在发现教学中应重视激发学生的内在动机，唤起学生的主动性、积极性，使理性和非理性、智力因素和非智力因素相结合，促成学生整体协调发展。教学应当根据探索活动的激发、维持和指向三个方面，来形成和培养学生的内部动机，使学习和解决问题的活动积极主动地进行。

（二）结构原则

结构原则是指教学应当把教授学科的基本结构放在核心地位。 什么是"结构"？ 简单地说，就是事物之间的相互联系或者规律性，它们具备普遍而强有力的适应性。 布鲁纳曾提出一个假设："任何学科的基础都可以用某种形式教给任何年龄的任何人。""不论我们教什么学科，务必使学生理解该学科的基本结构。"在这里，学科的基本结构是指学科的基本概念和基本原理之间的内在联系。 教师运用发现教学所传授的学科知识应结构化，并为学生所理解。

（三）序列原则

序列原则是指教学要根据学生探索活动的特点（例如，从已知到未知、从具体到抽象、从低级到高级等）来编制教学程序，以便使学习的材料适用于学生学习。 学生在某一知识领域所遇到的材料的程序，它直接影响着学生能否熟练掌握这一知识体系。 对学生而言，没有独一无二的固定的序列。 在任何特定条件下，最理想的序列是随着多种因素而变化的。比如学生的学习能力、学生处理信息的局限性和学生探索活动的特点。 因此，在组织教材和进行教学时，教师要根据学生以往的学习情况、认知发展水平、材料的性质和学生的个别差异来确定最理想的序列，以便让学生构成整体性和层次性的知识结构。

（四）反馈原则（强化原则）

即"发现法"教学实施的最后阶段，教师必须注意及时反馈。 反馈的目的是及时纠正错误，防止学生对错误知识先入为主而积重难返；及时听取学生意见，了解学生的真实感受；教师从学生的反馈信息中总结经验教训，及时对原有教学进行改进，不断激发创新性，使"发现法"教学模式发挥最佳的教学效果。 教学中强化效能的发挥还应注意把握好强化的时机、强化的条件和强化的方式。

六、发现教学法的应用实例

实例一　发现教学法在语文教学中的应用
——"议论文中的叙述和记叙文中的叙述"教学实例

如何使初次涉及议论文的初一学生,较清楚地理解议论文中作为论据的事例的叙述与记叙文中的叙述之区别,一直是一个教学难点,也是执教者致力探索的问题。充分利用《谈骨气》一文的书后资料(初中《语文》第二册第279页),通过扩充、替代、比较、分析和发现等方式,让学生在比较阅读的基础上,发现、领会不同文体对叙述的不同要求,能够解决这一教学难点。

师:请一位同学用现代汉语解释一下第279页的文言文短文"不食嗟来之食"的故事。

生:齐国有一年饥荒,有一个姓黔敖的人摆放食物在路上,等待那些饥荒的人来吃。有一个饥饿的人,用袖子蒙着脸,拖着鞋子走来了。黔敖左手捧着食品,右手拿着一碗开水,说:"喂,来吃!"这位饿者睁开眼睛看着他,说:"我唯独不吃这污辱性的施舍,才到这地步的!"因而谢绝他,终究因为不吃而死了。

师:请哪位同学来评价一下他的翻译是否正确?

生:×××同学基本上把原文的大意翻译出来了。但为了使语句更通顺、更连贯一些,有的地方要适当调整一下位置,例如,有一个姓黔敖的人在路边摆放食物……

师:两位同学的翻译和评价都很认真。下面请×××同学在翻译的基础上,适当扩充,将故事中的人物予以较为详细的描述。

生:春秋时的齐国,有一年闹饥荒,有一个姓黔敖的人,在路上摆放了很多的食物以便那些饥饿的人们食用。只见远远地走来一个逃荒的人,他衣服褴褛,骨瘦如柴,用衣袖蒙着脸,拖着鞋子,踉踉跄跄地走来。黔敖左手捧着食品，右手拿着一碗开水，对穷人吆喝着："喂，过来吃东西！"这时，这位穷人慢慢地抬起头，睁开眼睛看着他说："我唯独不吃的就是这污辱性的施舍，才弄到这般地步的！"穷人谢绝了施舍，终因不肯吃嗟来之食而饿死。

师：好。再请同学们想一想，我们将刚才经过扩写的故事放到课文《谈骨气》里看看表达的效果怎么样？为什么？

（生讨论）

生：不行。课文中的叙述比较简略，只用一句话加以描绘，而经过扩写的故事放在课文中去太详细，冲淡了议论。

生：本文是一篇议论文，议论文应以议论为主，叙的目的是为议服务的，所以不能太详细。

师：说得好。同学们发现了关键性的学问，议论文以议论为主，叙事是为议论服务的。不论是"先议后叙"的叙，还是"先叙后议"的叙，或者是"边叙边议"的叙，都是为议服务的，它是议论的前提和基础。那么，议论文中作为论据的事例叙述与记叙文中的事例叙述，究竟有什么区别呢？

生：议论文的叙述是概括叙述，记叙文的叙述是具体叙述。

师：《谈骨气》是一篇议论文，目的是以理服人，因此，虽然用了很多篇幅来记叙，但跟记叙文相比，这些记叙是比较简单扼要的。它们作为事例，充当立论的依据，证明的材料，材料的选择和安排都取决于证明论点的需要，并服从于证明论点。

（李志厚.新课程的教学方略［M］.广州：广东高等教育出版社，2008.）

实例二 发现教学法在化学教学中的应用

——实验引导探索发现教学法

高三化学复习是否得法，关键是复习时能否高度集中学生的注意力，激发起学生强烈的探求知识的愿望和行动，挖掘学生的内在潜力，着重培养、提高学生的能力，发挥学生的智力。要达到这一目的，必须重视实验教学，把实验作为引导学生探索知识、培养能力的重要手段。"实验引导探索发现教学法"就是以上述为指导思想的切实可行的复习方法，其教学过程一般为：(1)课前给出实验课题，让学生明确探索的目标；(2)让学生带着问题去阅读、思考并设计实验方案；(3)课堂上组织讨论交流，并演示实验，做到集思广益有所发现；(4)师生共同进行概括和总结；(5)通过练习或实验巩固知识，并对知识进行推广应用。现以"硫的氢化物和氧化物"复习为例加以说明。

【现象1】习题讨论引入新课(讨论课题均在课前提出，下同)：有两种不同固体A和B，它们都是由相同的两种元素组成；A和稀硫酸作用产生气体C，B在充足空气中燃烧生成气体D，C、D都是无色有毒气体，水溶液都呈酸性，都能使溴水褪色，且C与D混和后不久，有固体E生成。写出A～E的分子式和各步反应的方程式。(通过习题讨论、分析，很自然地引出硫化氢的实验室制法、二氧化硫的工业制法及它们的化学性质。)

【现象2】硫化氢的主要性质是什么？(强的还原性)；哪些氧化剂能氧化硫化氢，各有什么现象？在广泛讨论交流的基础上，指导学生演示下列系列实验。(该系列实验突出了硫化氢的重要化学性质——强的还原性，加强了前后知识的联系。当学生观察到的实验结果与预测的实验现象完全一致时，产生了求知欲得到满足的快感，激发了学生的浓厚兴趣、参与意识和创新思维。）

【现象3】设计一实验，说明硫化氢不能用浓 H_2SO_4 干燥，并验证二者反应的产物。

由于学生课前作了充分准备，课堂上讨论交流很自然地进行，师生共同设计并演示了如下实验。该实验一举三得，既说明不能用浓 H_2SO_4 来制取 H_2S，又说明不能用浓 H_2SO_4 来干燥 H_2S 与浓 H_2SO_4 反应的产物，培养了学生创造性思维能力和探索设计能力，大大提高了实验的智力价值。

$$H_2S + H_2SO_4（浓）\longrightarrow S\downarrow + SO_2\uparrow + 2H_2O$$

【现象4】

归纳 SO_2 的化学性质，并设计一总结实验，将 SO_2 的化学性质都一一反映出来。

图 6-1

学生先归纳了 SO_2 的化学性质。

在讨论、交流的基础上，师生共同演示了如下总结实验：显示 SO_2 性质——与水作用、漂白性、还原性、氧化性、与碱作用。

（该总结实验有效地培养了学生的概括能力、总结能力和知识运用能力。）

（在实验基础上再讨论一系列问题，拓宽知识的外延，深化知识的内涵，使学生对这部分知识有了一个清晰的整体认识，三个不同的实验，有效地训练了学生的思维、观察、设计、总结和探索发现能力。）

图 6-2

（商继宗.教学方法：现代化的研究 ［M］.上海：华东师范大学出版社，
2001.）

实例三　发现教学法在体育教学中的应用
——采用发现法进行快速跑教学

　　准备部分中教师安排发展柔韧性练习，发展了柔韧性素质，使全身得
到充分的活动，为主教材创造条件。基本部分开始，教师用小黑板示例，
向学生提出两个问题：1.你在 50 米快速跑中速度的曲线会是以下哪一种
（图 6-3）？ 2.你在 50 米快速跑中用多少步？

图 6-3

　　学生感到新鲜和惊讶，"我们跑过多少项 50 米，但从没想过这个问
题！"于是学生展开热烈的讨论，针对第一个问题的代表性意见有"50 米这
么短，最后不可能减速……我体力不好，应越跑越慢"、"因为有最后冲

刺，速度曲线应是 C"。 围绕第二个问题的看法有"步幅与我身高差不多"、"跑时步频变快，步幅应变小"、"跑时膝盖高抬，所以步幅加大"等。

教师把学生分成四人一组，分别让学生跑 50 米，互用每隔 10 米测时间的方法，自己去验证速度的变化。 让学生相互数出同伴 50 米跑的步数。

几分钟后多数学生得出结论，速度曲线是 C 图（图 6—4）。 步数有 23、24、25、26、27……

表 6—1

	10 米	20 米	30 米	40 米	50 米
通过时间	2.2	3.5	4.6	5.9	7.0
所用时间	2.2	1.3	1.1	1.3	1.1

图 6-4

（商继宗.教学方法：现代化的研究 ［M］.上海：华东师范大学出版社，2001.）

第二节　问题教学法

一、问题教学法的产生与发展

问题教学法是师生合作共同解决一个实际问题、以达到启发学生思维和培养学生解决问题能力的一种教学方法。"问题教学"的实践和思想源远流长，我国伟大的教育家孔子和希腊大哲学家、教育家苏格拉底早在两千多年前都成功地运用这种方法来引导学生学习。

（一）中国"问题教学法"溯源

在我国古代人们早已认识到问题对学习的价值，指出质疑是学习的源头。中国教育有句名言："学起于思，思源于疑。"大教育家孔子就高度评价问题的价值和意义，认为"疑是思之始，学之端"。所以，孔子在教导学生时十分重视调动学生的积极性，"不愤不启，不悱不发，举一隅不以三隅反，则不复也"。宋代理学大师朱熹注释说："愤者，心求通而未得之意；悱者，口欲言而未能之貌。启，谓开其意；发，谓达其辞。"也就是说，从问题出发，让学生心理处于好奇、质疑的状态，产生浓厚的欲望，只有当学生进入积极思维状态时，教师才适时诱导、引发，帮助学生打开知识的大门，端正思维方向，即"开其意"、"达其辞"。宋代的另一著名学者陆九渊的观点则更精辟，他说："为学患无疑，疑则有进，小疑则小进，大疑则大进。"

我国自五四运动以后，教学中就开始倡导"问题教学法"、"动机教学法"等多种教学方法。现代著名教育家陶行知说得更生动形象，他在一首诗里写道："发明千千万，起点是一问，禽兽不如人，过在不会问。智者问得巧，愚者问得笨。 人力胜天工，只在每事问。"当代基础教育课程改革实践中，2000 年 1 月教育部颁布的《全日制普通高级中学课程计划（试验修订稿）》第一次在我国基础教育课程中增设"综合实践活动"板块，旨在让中小学生完成从长期以来一直恪守的被动地接受老师知识传输的学习方式向主动获取知识的学习方式转变。 这是我国当前基础教育课程改革的一个重要内容，由此观之，从两千几百年前的孔子开始，到现代教育教学的发展，中国一直都在进行着"问题教学"的实践，并在此基础上形成了一整套优秀的教育教学思想。

(二)国外"问题教学法"溯源

在西方，问题教学的渊源可以追溯到古希腊苏格拉底的对话式辩论。后人称为"产婆术"。 他认为，每个人的内心深处都会有一些知识、观点和看法，只是不知道用怎样的方式表达出来，因此教师的作用就在于启发学生把这些知识发掘出来。 他在教育学生时分为四个步骤，一是讥讽，即通过不断提问，使对方陷入自相矛盾之中，承认对这个问题一无所知。 二是助产，就是帮助对方抛弃谬见，使他们找出正确、普遍的东西。 换句话说，就是帮助真理产生。 苏格拉底曾经对朋友们说："我母亲是产婆，我向她学到了接生术。 所不同的是，她是肉体的接生者，我是智慧的接生者。"三是归纳，即从个别事物中找出共性，通过对个别善行的分析比较来寻找一般美德。 四是定义，就是把单一的概念归纳到一般的东西中去。这种方法以学生为主体，注意调动学生的主动性和积极性，促使他们独立地思考问题，可锻炼学生的思维能力。

在近代，19 世纪美国的实用主义教育家杜威的"通过解决问题进行学习"的思想获得广泛传播，是因为他反对传统的教条式教学，强调学生自主地探究学习，提倡学生从事独立解决问题的实践活动，以发展学生思维品质和创造能力。 他认为人类解决问题的过程共有五步，因此科学思维的方法称思维五步法或探究五步法。 这五步是：(1)感觉到困难，即发现问题；(2)确定困难的所在和定义，即确定和限定问题；(3)设想可能的解决办法，收集一些可使问题得到解决的证据；（4）通过推理，判断哪一个假设能解决这个疑难，即提出关于问题答案的假设；（5）通过观察或实验证实结论是否可信，即检验假设。

杜威的问题教学思想对前苏联也曾产生过较大的影响，并在一定程度上促进了苏联学校教学的发展。20世纪60年代中期，随着前苏联心理科学尤其是思维心理学的研究不断深入，问题教学的思想开始有了更新的进展。前苏联教学论专家马赫穆托夫、列尔耐尔、马丘什金等人倡导问题教学。马赫穆托夫于1975年出版的专著《问题教学》在苏联享有"当代问题教学的理论与实践的百科全书"的声誉。他对问题教学法的研究、宣传和推广作出重大贡献，此后问题教学法的理论研究在前苏联逐步深入，并对各级各类教育机构的实践产生了较为重大的影响。

由于社会的进步，科学技术的迅猛发展，进行创造性教学，培养具有积极性、独立性和创造精神的学生，已成为当今世界各国面临的最迫切的任务。从20世纪80年代末开始，全世界范围内开展研究性学习，世界各国开始不约而同地对本国的学校教育系统作重大改革。问题教学法无疑为利用思维发展的客观规律去解决教学问题开辟了新的途径。

二、问题教学法的内涵

所谓问题教学法是指以问题为中心的教学，即通过教师创设问题情境，引导学生提出问题为主，教师穿插提出问题为辅，让学生在寻求和探索解决问题的思维活动中，掌握知识、发展智力、培养技能，进而培养学生自己发现问题、解决问题的能力的一种教学方法。

前苏联教学论专家马赫穆托夫在《现代的课》一文中有这样一段话："从内部结构的观点来看，可以认为问题性的课是这样的：在这种课上，教师有意地创设问题情境，组织学生的探索活动，让学生提出学习问题和解决这些问题（这种做法的问题性水平较高）或由教师自己提出这些问题并解决它们，在此同时向学生说明在该探索情境下的思维逻辑（这种做法的问题性水平较低）。"马赫穆托夫的这段理论概括地把问题教学的两种模式展现在了我们的面前，一种是提问者为学生，用现在的话说就是充分展现了学生的自主性，能真正地锻炼学生的思维能力，所以说是一种问题性水平较高的方法；而另一种做法是由教师来提出问题，但这样的做法并不能使他们的思维能力得到很好的锻炼，所以也被称作是问题性水平较低的方法。

可以说，问题教学法最根本的目的是学生在教师的引导和帮助下，学会自己发现问题、提出问题并解决问题的学习方法，它始终把学生的需求放在第一位。正如德国教育家斯普朗格所说的："教育的最终目的不是传授已有的东西，而是要把人的创造力量诱导出来，将生命感、价值感唤醒。"而作为问题教学的真正价值，是以学生人格的健全为出发点与归宿，让学生在活动中主动参与学习，在培养其获取知识、应用知识、解决问题的能力的同时，得到深层次的情感体验，强调培养创新思维能力和学生的全面和谐发展。因此，问题教学法是现代课堂教学的一种重要的教学方法。

三、 问题教学法的分类

（一）从心理学角度分类

马秋斯金认为，以动作、动作形成的阶段和问题情境的难度三个参数为基本依据，可将问题情境分为 27 种类型。马秋斯金是从心理学的角度提出问题情境的基本分类模式的。由于这种模式的分类没有考虑对象的不同，即学生的特点以及主体动机的差异，所以到目前为止，在教学实践中的运用不是很充分。

（二）从学生思维活动的逻辑方式划分

巴班斯基根据物理教学中学生思维活动的逻辑方式划分问题情境为分析的、综合性的、进行比较的、要求分类的、加以系统化的问题情境等。这种分类方法有利于教师在教学中帮助学生掌握与该门学科的研究方法相适应的一整套智力活动方式。

（三）从认识论角度分类

库德里亚夫来夫从认识论的角度提出以学生认识活动中各种不同类型的矛盾作为问题情境分类的依据。如学生已有的知识与解决问题过程中出现的新事实之间的矛盾；同一知识，其较低水平与较高水平之间的矛盾；科学知识与日常的实际知识之间的矛盾等。

（四）从教学论角度分类

马赫穆托夫以问题提出的不同方式为依据，区分出了六种问题情境：（1）在学生要求从理论上加以解释的生活现象、事实的冲突中设置问题情境；（2）在引导学生对日常现象进行分析时，这些现象与他们原有的有关现象的日常概念之间发生冲突而产生的问题情境；（3）在组织学生进行实际作业时，设置问题情境；（4）通过提出假设，设置问题情境；（5）引导学生预先对新的事实进行概括时，设置问题情境；（6）在组织学生进行研究性作业时，设置问题情境。

四、 问题教学法实施的基本步骤

具体来讲，问题教学法的步骤可分为以下四个阶段：

（一）问题解决阶段的"关闭"

问题教学法的第一阶段是运用已知方式解决问题。为了达到这一目的，人调动了自己已知的全部知识和动作方式以及可能采用的辅助手段与动作方式，在过去的活动中曾利用它们在相似的情境中获得成功。在这一阶段中，人集中地、最大限度地利用全部可能的手段对问题进行分析，结果发现运用已知方式无法解决。为此，他们不得不拒绝已知的解题方式，从而"关闭"了问题的解决阶段。

（二）问题解决阶段的"开放"

问题教学法的第二阶段从问题情境的产生开始，产生问题情境并扩大对新的解决方式的探索范围，它继拒绝已知的动作方式的第一阶段之后，成为问题解决的开放阶段。这一阶段，人从外部条件，从自身经验中寻找别的、与所需要解决的问题原来并无直接关系的联系，探索重建问题结构，查明新的动作原则，所以第二阶段在有些场合中可称为提出假设阶段。

（三）已被发现的原则的体现

问题的解决进入第三阶段，就是对已经发现的原则的体现阶段。通过问题解决阶段的"开放"，在这一阶段中，可以提出新的问题。这些问题可以关系到以以前的方式体现已被发现的原则，或者关系到描述原则的新方法和证明原则的新手段。

（四）对所获得解答的正确性的检验

第四阶段是问题发现法中问题解决的终结阶段，即对已发现的解答的正确性进行检验的阶段。这一阶段要求从理论方面或通过实验等来评价已获得的结果的正确性。

以上四个阶段的划分是解决问题的一般图式，问题教学法的步骤还可以细化，即每一个阶段都还包括许多亚阶段。问题情境通常产生于第二阶段。对问题情境中未知东西的探索仅仅构成解决问题的阶段之一。该阶段起始于问题情境的产生，终结于对新的原则的理解。

五、 问题教学法的实施原则

为了使问题教学的理论能更有效地指导教学实践，以下是应遵循的一些基本原则。

（一）探究性原则

这一原则的实质就是激发学生积极地自觉地分析问题和解决问题的欲望。创设的问题既能激发学生的学习兴趣，又能使学生乐意接受问题的挑战。创设的问题要具有探究的价值，哪怕学生在越过障碍时会遇到困难，只要在教师的引导下，学生通过努力能越过障碍就行，这也是使问题具有探究性的基本要求。

（二）循序渐进原则

循序渐进性原则是指在教学中要按照学科知识的逻辑性和学生认知发展的顺序进行，使学生系统地掌握基础知识、基本技能，形成严密的逻辑推理能力。该原则对教师的要求是要从问题产生的原因入手,并以此为切入点,将问题分成若干个层次,循序渐进,逐步逼近问题,为学生顺利理解知识、消除困惑、掌握基本解题技能创造条件。

（三）发展性原则

发展性原则是指问题设计应积极诱发学生发现新问题,提出新见解,形成具有方向性、选择性、创造性的学习行为习惯。该原则要求教师设计一题多解、一题多变的例题,活跃学生思维,拓宽学生思路。留给学生足够的探究活动时间,多为学生创造发表意见的机会,让他们动手、动口、动脑,促使学生自主探索。

（四）自主性原则

自主性原则是指在问题教学的过程中可以充分地发挥学生的自主性,培养学生对已掌握知识的迁移能力和自主探索的良好习惯。提出的尝试性探究问题不能有明显的暗示性,否则缺乏探究性,学生在尝试中出现困难或错误,应先让学生指出困难或错误在哪里,然后再适度地指导,使学生从被动尝试转化为主动尝试,从而真正成为学生自主学习的过程。

六、问题教学法的应用实例

实例一　问题教学法在物理教学中的应用

——"杠杆原理"教学实例

进行"杠杆原理"的教学时,教师从班上学生中挑选出一名最高大强壮的男生和一名最矮小瘦弱的女生,让他们站到教师前面来。然后教师问:"如果我们让这位女生顶住门,让这位男生去推门,门能否被推开?"学生们毫不犹疑地回答:"门一定能被推开。"这时,教师让女生顶住门把手的地方,让男生在靠近铰链处推门。虽然这位男生用了最大力气想推开门,门却被这位瘦弱的小女生顶住了。这时学生的日常经验与实验结果产生了矛盾冲突,而且这一试验还使学生隐约地感觉到,力气小的一方之所以能顶住力气大的一方，关键在于他们并不是在共同点上朝相反方向用力。由此，学生在这一通过试验产生的问题情境中，形成对新的未知知识的需要和探索，认识到学习这一知识的必要性。

此时，可由教师或学生自己从"推门的问题情境"中，提出一个摆脱了具体情境束缚的、具有一定概括性的问题："在什么条件下，小力可以抵挡大力？"这样使学生通过问题的解决，获得的是反映一定规律性的有关杠杆原理的知识，这一知识不仅能解释课堂上演示的这一特例，而且能解释其他许多类似现象。

实例二　问题教学法在植物学教学中的应用

在植物课的教学中，教师发现，不少学生常把马铃薯的块茎、葱、蒜的鳞茎、白菜的叶球都作为果实，理由是它们都能食用，也就是说学生抓住的是事物非本质的共同点。教师可以这个典型的、普遍性的错误为依据设置问题情境。

在五年级的植物课上，教学内容为"块茎与根状茎"。教师将黄瓜、番茄、马铃薯、蒜头、白菜等实物带进教室，放在讲台上，并要求学生区分哪些是果实。许多学生凭借日常概念，认为所有这些都是果实。错误的回答暴露了知识的缺陷，激发了探索知识的欲望。这时教师要求学生回忆一下果实的主要特征：(1)果实由在花的位置上形成的子房构成；(2)果实中有籽。这样就使学生对有关果实的科学概念现实化，然后，让学生仔细观察桌上的东西。学生通过观察发现蒜头和马铃薯都不是由花结出来的果实，他们还切开了这些东西，发现只有黄瓜和番茄有籽。这样通过一系列的步骤，学生比较肯定地指出，以上几样东西中，只有黄瓜和番茄是果实，其他均不是果实。那么，它们究竟是什么呢？新的问题产生了。这时，教师继续组织学生进行独立探索。教师让学生借助放大镜从外部仔细对马铃薯与杨树的枝条进行比较；寻找各自的幼芽，比较它们的分布；将马铃薯制成薄切片，点上碘酒，在放大镜下确定其内含的有机物质——淀粉；在放大镜下观看马铃薯切片与杨树枝条横剖面，发现其共同之处。

通过以上一系列操作，学生作出了科学的结论：马铃薯不是果实，它是块茎，块茎和根状茎一样，都是生长在土壤中的变态的茎。

第三节　学导式教学法

一、学导式教学法的产生与发展

学导式教学法最早可以追溯到我国古代儒家的教学思想和实践，如孔子反对教师采用体罚的办法强迫受教育者读书。殷、西周官学中有以"夏楚(木名，此处指木制戒尺)二物，以收其威"(《学记》)的强迫教育法，孔子学导式教学法主要是为了改革这种不良的教学法而创建的。《礼记·学记》总结孔子开创的学导式教学法的经验说："君子既知教之所由兴，又知教之所由废，然后可以为人师也。故君子之教，喻也，道而弗牵，强而弗抑，开而弗达。道而弗牵则和，强而弗抑则易，开而弗达则思。和易、以思，可谓善喻矣。"所谓"喻"，即晓喻，有诱导指引之意，《论语》所说的"夫子循循然善诱人"、"不愤不启，不悱不发"皆指善喻而言。不是压抑学生的个性，不是硬拖着学生走，不是代替学生求得通达，而是提出各种问题启发学生，激发他们的学习兴趣，着重培养学生的思考能力与解决问题的能力，达到学、思、行的和谐发展，这是孔子学导式教学法的重要特征，也是孔子教育艺术的具体表现。

学导式教学法不仅在儒家的教学思想和实践中有所体现，我国古代的许多教育家都明确反对注入式教学，提倡启发式教学，主张要激发学生的学习兴趣，引导学生独立思考和自主学习。这使学导式教学法得到了进一步发展，内容也更加充实。 教学法不应只是单一的知识传授的手段，而且还应是师生之间相互交流、促进学生成长发展的手段。 明末清初的黄宗羲认为教学必须发挥儿童的积极主动性，使儿童大胆思考，敢于创新，提倡学有必疑，认为疑是"觉悟之机"，即"小疑则小悟，大疑则大悟，不疑则不悟"，"小疑则小进、大疑则大进"。 也有的教育家提出，"教书最重要的是引起学生读书的兴味"，"最好使学生自己去研究"，"最好使学生自学"等。 这些都可以说是朴素的学导式教学思想和实践。

随着社会的发展，人们对教学本质、教学规律及教学方法的认识进一步深化。 新中国成立后，广大的教育工作者总结了多年教学的实践经验，继承和发扬了我国教育史上关于教学方法的优秀遗产，在反对注入式，提倡启发式的基础上，对教学进行了反思。1982年1月,黑龙江省矿院副教授胥长辰提出了学导式教学法。 后经该院诸多教师的不断探索实践、深入研究，逐渐形成了较完备的教学方法。 这种教学方法，曾一度在我国的教育界产生了很大的影响，当时参与实践和研究的人很多，如刘学浩的"学导式教学法述评"、张拓基的"学导式教学法及其评价"等，使学导式教学法得到了不断的充实和完善。 特别是在1982年哈尔滨召开的全国首届学导式教学法研讨会上，又对学导式教学法的指导思想、意义、内容、原则、课堂结构、评价和效果等一系列问题，进行了深入的探讨和论证。 后来又有不少同志发表了文章和专著，如张开勤著的《学导论》、罗正华的《谈我国的学导式教学理论和布鲁纳的发现教学理论》等。 从而使学导式教学法更加系统和完善，成为一种具有中国特色的、在国内许多省市学校得到广泛运用并行之有效的教学理论。

二、学导式教学法的含义与功能

(一)学导式教学法的含义

学导式教学是以学生的自主学习为主体，以教师的启发引导为主线，以形成学生优化的学力(能力、智力、动力)结构为主要目标，以提高课堂教学效率，大面积提高教学质量为主旨的一种教学理论和一类教学方法。

学导式教学法中的"学"与"导"的含义，说法虽然多种多样，不尽相同，但却有一些共识，那就是：

"学"主要是指学生的自学，包括自读、自写、自算、自思、自解、自测、自结等。一般来说，自学有两种形式，一种是没有教师指导下的学生的自主学习，另一种则是学生在教师指导下的独立学习。其本质是让学生自己主宰自己的学习，发挥自己学习的积极行和主动性，变"要我学"为"我要学"。"学"的内容既包括教科书、教材上所规定的知识及掌握运用这些知识的技能技巧，又指学习这些知识得来的过程和方法，使学生学会学习，形成会学的能力。

"导"主要是指教师的主要活动是引导，包括启导、定向、精讲、点拨、辅导等。学导式教学法不是像传统教学那样以教师为中心，而是强调教师的导要服从学生，根据教学目的要求和学生的特点积极地加以指导和引导。把学生真正看作是学习的主体，为学生提供自由学习的时间和空间，培养他们的主体意识。根据学生的兴趣、爱好和特长进行启发和诱导，从而使学生的个性才能得到充分的发挥。为他们的"学"指明方向，使他们学会获取知识的方法和了解求知的途径，学会学习。

"学"和"导"是学导式教学法的两个组成部分，缺一不可。"学"是主体，"导"是主线，学生的学习活动占据大部分教学时间，教师的引导活动贯穿于教学的全过程。"学"和"导"相互联系、相互促进。也就是说，如果学生充分地发挥了"学"的积极性、主动性和独立性，那么教师"导"的效率就会大大提高；教师"导"的效率的提高，又会反过来促进学生"学"的科学性和有效性的增强。教师的"导"要服从学生的"学"，学生的"学"要遵循教师的"导"。所以，学导式教学法乃是学生在教师指导下，充分发挥学习的积极性、主动性，教师给予正确的引导，从而最大限度地发挥学生的潜能，使每个学生都获得好的学习效果，大面积地提高教学质量的一种教学方法。

(二)学导式教学法的基本功能

学导式教学法的功能表现在以下三方面:

1.有利于发挥学生学习的主动性,使学生真正成为学习的主人

学导式教学法的主要特征之一就是把学习和质疑的主动权交给学生,学在导前,先学后教,让学生"学"在前面,使学生主动地学,在学中发现疑难,积极思考,让学生充分利用"已知、已会、已能"去主动获取"未知、未能",养成自学的习惯,成为学习的主体。学导式教学法突破了传统的把学生当作容器、讲听式的教学模式,唤醒激励学生肯"学"、会"学",学导结合,给学生发展独立自学的能力提供了广阔的时空,这就有利于学生积极主动性的发挥,真正成为学习的主人。

2.有利于学生掌握学科的基本知识技能,发展学生的智能

学导式教学强调在课堂教学中实行自学为主,让学生根据自己的学习能力自定步调,不断增强学生思维过程的积极因素,加速顿悟、灵感和思维现象的出现,有利于学生在主动进行的自学、探索与解疑过程中尽快掌握科学的思维方法,从而极大提高学生的独立学习的能力。以系统科学为依据,学生个体和群体各自构成相对独立的系统,与外界环境(主要是以教师为指导的教学环境)进行以知识、信息为主要形式的能量交换,从而使学生个体和学生群体的智能结构不断发展和完善,从而达到促进智力发展的教学目标,这是传统的注入式教学不能比拟的。

3.有利于培养学生的创新意识和创新能力

在学导式教学的过程中,教师根据学生个性发展的需要为他们提供自由学习的时间和空间,给学生以充分的学习自主权,使学生独立地进行学习,真正成为学习的主体,使他们的个性得以充分的、和谐的发展。学导式教学实现了从学生被动接受知识转变为学生主动掌握知识与技能;从教学以传授知识为主转变为开发学生的智能、培养勇于创新的人才的新途径上来。所以学导式教学法有助于学生创新意识、创新能力的培养和训练是无疑的。

三、学导式教学法的实施步骤

随着学导式教学法的推广和应用以及许多教研人员和教师深入研究和实践，学导式教学法在教学中的实际操作是多种多样的，有四环教学、六课型六因素单元教学、掌握学习单元教学、读启教学等几种模式，这里主要介绍四环教学。学导四环教学又称四环节教学，其程序是自学　　解疑　　精讲　　演练。

自学指学生自主学习，包括课前预习、课上自学。学生通过预习、阅读、演示或尝试性练习等手段，发现疑难，提出问题，为进一步学习做好准备，也为教师的教学提供客观依据。解疑是学导四环教学的核心。学生在自学中提出的问题，不能质疑时教师要适当设疑，由学生自己查文献资料，进行讨论或教师辅导答疑。通过解疑，加深学生对问题的理解，同时培养他们的思维能力和语言表达能力。精讲是教师对教材的重点、难点进行讲解，着重讲清解决问题的思路，使学生对所学知识有一个清晰、透彻、完整的了解。引导学生学会自己作结论，注重培养和发展学生的智能。演练包括课堂复习、完成作业或实际操作练习等，通过复习把所学内容融会贯通，完成作业时，要求学会运用所学的知识，独立思考，举一反三，帮助学生巩固所学知识，完成从知识到技能、技巧的转化。

以上各个环节之间既密切联系又相互区别，彼此之间互相制约、环环相扣，形成一个统一的有机整体。其中主要环节自学、精讲和演练是"学导式"的骨架，辅助环节是骨架的补充。就主要环节而言，自学是基础，精讲是条件，演练是综合发展。学导式教学法没有固定模式，教师应根据教学任务、课程性质、学习对象和学生自学能力等不同情况，灵活采用不同的变式。

四、学导式教学法的实施原则

（一）自主活动原则

自主活动原则就是在教学过程中以"学"为主体的原则，让学生掌握学习的主动权，自主地进行学习，让学生积极从事与教学有关的各种活动，既动脑，又动手，做到在学习的各种活动中获得知识，提高能力，增长智慧。

在传统教学中，教师是中心，是权威，过分重视教师的主导作用，忽视调动学生学习的主动性。重视知识灌输，忽视学生智能的发展，重视课堂教学的讲授，忽视学生自学。教学方法基本上还是"填鸭式"、"满堂灌"和"抱着走"。学生的兴趣爱好和特长得不到发展，个性也受到压抑。学导式教学法强调转移教学活动的重心，即变教师"教中心"为学生在教师指导下的自学为主；积极主动地参与学习活动，成为教学过程中的思考者、探索者和有所发现、有所创新的人。

(二)系统结构原则

系统结构原则是指在教学中，要以教育目的为出发点和根据，协调好学生、教师、教学内容以及其他教学方法和手段、教学环境和条件等之间的关系，使之有机结合，成为一个统一的整体，从而高效、高质地完成教学任务，确保很好地实现教育目的。

从控制论观点来看，教学活动也是信息的传输和反馈活动，知识是教学系统中信息的存在形式，又是可传递的。但传统教学法是老师讲、学生听的注入式教学，其信息传递方式是单项传导。教师按照教学计划，不折不扣地将信息传递给学生，教师不了解学生和自身行为的反馈情况，只管拼命注入。这种教学法根本不利于学生智能的发展。

学导式教学法以科学的系统论方法为指导，把教学系统看作是由教师、知识、学生三个基本要素组成的动态系统，也是有目的、有计划、可以控制的活动系统。在教学过程中，既以教育教学目的为出发点，以高效率地实现教育教学目的为宗旨，又注意协调和处理好教学过程中与其他诸因素，即教师、学生、教学内容和其他教学方法与手段等之间的关系，这无疑对教学质量的提高是大有帮助的。

(三)过程发展原则

过程发展原则是指教学中，不仅要使学生学习现成的知识，更要使学生了解知识的形成过程，而且在这个过程中使学生的个性得到充分而协调的发展。

在传统的教学中，惯用的是一种"结果教学"，即把学生当成知识的容器，忽视学生的需要和个性发展，重视教给学生现成的知识或结论，也不重视使学生了解知识的形成过程，这种教学极不利于学生思维能力和创新能力的培养。

学导式教学法克服了传统教学中重知识而轻学生个性发展的弊端，变传统的结果教学为过程教学。通过学导式教学不仅使学生掌握和获得知识，还能让学生了解知识的形成过程，即概念、结论的形成过程。并且在这个过程中促进学生智能的发展以及兴趣、情感、意志、习惯等动力的发展，从而实现理想的教学效果。

（四）成功经济原则

成功经济原则就是"效为主旨"的原则，即以提高课堂教学的效率为目的，大面积提高教学质量为宗旨，让学生在有限的学习时间和精力的条件下，通过教师的指导和帮助，获得学习上的最大成效。

前苏联教育家苏霍姆林斯基根据他多年的教学实践，指出："学生的脑力劳动，他在学习上的成功和失败，都涉及他的精神生活和内心世界。"在传统教学中，往往忽视这一点，造成了许多学习上的失败者，导致一些学生厌学、辍学，所以成功是学生持续不断地进步和取得学习上更大成效的有效手段之一。

学导式教学法就是以克服传统教学的这一弊端为出发点，立足于帮助所有学生都能获得学习上的成功，并把这一思想贯穿于整个教学过程，使学生在每一教学环节上都能在有限的时间和精力上取得更大的成效。从而让学生体验到成功带来的积极情绪，就能不断地增强他们的信心和克服困难的勇气，向着自己所追求的目标不断地努力，去获取学习上更大的进步。

五、学导式教学法的应用实例

实例一　学导式教学在语文教学中的应用
——小学语文《第一场雪》教学实例

一、第一次自学

1. 出示自学提纲：

(1)作者写下雪前的天气变化情况，是按什么顺序写的？

(2)作者按怎样的顺序写下雪时的情景的，是怎样具体描写的？

(3)作者是按什么顺序写雪后情景的，是怎样具体描写的？

2. 学生自学，教师巡视指导。

3. 学生讨论交流自学收获。

4. 检查自学效果（反馈信息）。

解疑

1. 学生质疑（略）

2. 教师设疑（略）

精讲

重点是雪后景色的美。 板书概要：

1. 万里江山，变成了粉妆玉砌的世界。

2. 落光了叶子的柳树上，挂满了毛茸茸、亮晶晶的银条儿；而那些冬夏长青的松树和柏树上，则挂满了蓬松松、沉甸甸的雪球儿。

3. 玉屑似的粉末随风飘扬，映着清晨的阳光，显出了一道道五光十色的彩虹。

演练

尽情朗读，体会感情和作者的心情。

二、第二次自学

1. 出示自学提纲：

(1)作者写下雪时的情景，运用了什么写作方法？

(2)作者写雪后景色时，都运用了哪些写作方法？

2. 学生自学讨论，教师巡视指导。

3. 检查自学效果。（第二次交流收获，教师归纳）

总结

1. 学生默读课文，回答下列问题：

(1)寒流袭来时，从清晨到黄昏，天气有哪些变化？

(2)下雪时和下雪后的景色是怎样的？

(3)孩子们"欢乐的叫喊声，把树枝上的雪都震落下来了"，是真的吗？ 为什么这样？

2. 教师总结：整个下雪过程是按时间顺序叙述的，条理很清楚。雪中的景象写得很细致，不仅写了样子，还写了声音。作者先写雪景，再写人们踩雪、小孩玩雪。在写景和写人时，结合写情；在抒情时，又加入了联想。这篇课文通过对胶东半岛第一场雪的描写和对"瑞雪兆丰年"道理的阐述，透露了作者预见小麦丰收的喜悦心情。

演练（课上作业）

填空：

（　　　）的寒风　　　（　　　）的大雪　　　（　　　）的世界

（　　　）的雪末儿　　（　　　）的银条儿　　（　　　）的雪球儿

课下作业

以《及时雨》为题，用本课写法写一篇写景的短文。

（商继宗．教学方法：现代化的研究［M］上海：华东师范大学出版社，2001．）

实例二　学导式教学在数学教学中的应用

——《小数的意义》第一课时教学实例

1. 揭示课题, 明确教学内容

同学们, 你们已经学过整数 (板书: 0、7、10、320、4394……), 你们在商店里也经常看到商店的标价 (板书: 0.1 元、0.05 元、0.32 元、10.5元……), 如果去掉计量单位 "元", 你知道这些数叫什么数吗? 对! 这些数叫小数。(板书: 小数)从今天起我们要学习 "小数", 它包括哪些内容呢? 请翻开课本首页的目录, 看第二章小数的意义, 它具有什么性质, 怎样比较大小等。第三章我们还要学习小数加减乘除的计算。要想学习好 "小数" 方面的知识, 首先必须了解 "小数的意义"。(板书: 小数的意义)

2. 自学

要求学生认真思考下列问题 (学生边看书, 教师边引导):

(1)课本上是怎样利用货币单位——元、角、分引进小数的? 分母是10、100、1000 的分数与小数有什么关系? 小数各部分名称是什么? (板书: 货币单位及分母是10、100、1000 的分数→←小数, 小数各部分名称)

(2)怎样利用长度单位——米、分米、厘米、毫米了解小数? (板书: 长度单位及分母是 10、100、1000 的分数→←小数, 1 米的 1/1000 与 1/1000 米和 0.0001 米的关系)。

(3)怎样把一个正方形分割成 10 个同样的长条和 1000 个同样的方格, 进一步了解小数。(板书: 整体 1、小数计数单位、单位间进率。)

(4)了解整数与小数数位顺序表 (并板书)。

(5)如何读、写小数?

(6)什么叫纯小数、带小数?

3. 练习和讲解

课本上是通过哪几个实例引进小数的？（货币单位、长度单位、正方形）现在练习如下题目，准备回答问题。

(1)1元的十分之一用分数表示是（　　　），用小数表示是（　　　）。7角4分以元为单位，用分数表示是（　　　），用小数表示是（　　　）。3元4角5分用小数表示是（　　　）。5.55元和40.07元各是几元几角几分？

(2)1米的千分之一用分数表示是（　　　），用小数表示是（　　　）。9/100米是（　　　）厘米，用小数表示是（　　　）米。6.25米与108.024米分别是多少米、多少分米、多少厘米、多少毫米。三十点一五米用小数表示是（　　　）。

(3)8/1000用小数表示是（　　　）。将一个整体平均分成1000份，这样的45份用分数表示是（　　　），用小数表示是（　　　）。

学生练习后，教师出示答案对正，并结合每个题让学生读写，说出各部分名称，指出数位顺序、计数单位和有几个这样的单位，说明是什么小数及与1比较等。

4. 总结整理，独立练习

这节课学习了什么内容？（学生总结，教师帮助整理）归纳整理内容（略）。总结整理后做书上的练习，教师巡视订正。

5. 提高要求，加深理解

(1)0.32中有3个1/10，2个1/100，如果看成是32个1/100是否可以，你能结合货币单位或长度单位说明吗？

(2)把0.3写成0.30可以吗？为什么？结合计量单位、计数单位间的进率加以解释。

(3)把5/1000写成0.005、0.05、0.0005，哪个对？为什么？结合实例说明。

(4)1米5毫米写成1.5米、1.05米、1.0005米、10.05米，哪个对？

为什么?

6. 课堂小结（略）

（商继宗.教学方法：现代化的研究［M］.上海：华东师范大学出版社,2001.）

第七章　其他教学方法

第一节　范例教学法

一、范例教学法的由来

20 世纪 50 年代的德国，传统教育受到新技术革命的冲击，教育的观念和方法竭力追求高质量的新的教育内容。而现代科学的迅猛发展造成课程教材庞杂饱和现象，学生的课业负担日渐沉重，同时考试竞争的激化又造成死记硬背零碎片断的书本知识的倾向。在学习生活中，学生缺乏主动性、创造性，他们的精神生活被窒息。为了培养出具有真才实学的有教养的人，首先要充实根本性、基础性和本质性的内容，即改革教材，使学生借助精选的教材，通过同"范例"的接触，训练他们的独立思考和判断能力。在这种背景下，"范例教学"在德国开始流行起来。范例教学的主要倡导者是德国著名教育家、教学论专家瓦根舍因（M. agenschein）和克拉夫基（W. Klafki）等。克拉夫基 1983 年曾对范例教学的基本思想作过概略的描述。他认为范例教学的基本思想就是要组织教养性的学习，即将学习者引向连续起作用的知识、能力、态度，从而促进学习者的独立性。但这种教养性的学习是不可能通过再现性地接受尽可能多的个别知识、能力、态度来达到的，而只能通过让学习者从选择出来的有限的例子中主动获得一般的、或多或少可用作广泛概括的知识、能力、态度。换言之，是让学习者获得本质性的、结构性的、原则性的、典型的东西以及规律性、跨学科的关系等。借助这种一般的知识、能力、态度，多少能理解并解决一些结构相同或类似的个别现象和问题。

范例教学法能有针对性地解决学生存在的问题，激发学生探讨带有普遍性规律知识的兴趣；有利于系统地完善学生的知识结构，把解决问题学习和系统学习统一起来；有助于培养学生能力，在从个别到一般探讨普遍性规律知识的过程中使学生运用学过的知识去解决问题，提高和发展思维能力、想象能力、分析概括能力等。

二、范例教学法的概念

"范例"这个词来源于拉丁语"exemplum"，意思是"典型的例子"、"好的例子"、"特别清楚(言简意赅)的例子"。这样我们可以把范例教学法(dasexemplariscke Lehren und Lernen)初步地解释为，"根据好的、特别清楚的、典型的例子进行教与学"。"典型例子的教学"不是为例子而教例子，而是通过典型的教学例子，让学生理解非典型事物即一般事物。学生根据一个问题领域或一门学科的若干例子去掌握一般事物，用已掌握的一般事物去理解更多的特殊事物。为此，我们可以把范例教学法界定为：使学生能依靠特殊(例子)来掌握一般，并借助这种一般独立地进行学习的一种教学方法。

范例教学论者认为，教学范例能使学生在学习上形成一种"共鸣"。也就是说，使用范例讲授一种学习内容就像一个物体发出声音使另一个同频率的物体也发出声音那样，能让那些在课堂上没有教过的同类内容或潜在的学习内容为学生所认识，或者引起了学生自发地去学习它们的兴趣。因此，应用这种范例教学，既能使教学做到少而精，减轻学生的负担，又能丰富教学过程，因为通过范例将使学生理解课堂上没有教过的内容或激发起他们在课外自己去学习这些内容的积极性，从而使课堂教学还能在课外得到额外的收获。所以，这种范例性的课堂教学将会使学生的学习不再局限于课堂内，而使课堂教学冲破课堂，得到延伸。范例教学论者进一步认为，以范例方式组织教学，每一个作为范例的个别都是反映整体的一面镜子,其所反映的整体既是学科的整体,又反映了学习者的整体,即这种教学对于学生的作用,不仅仅使学生获得了知识,而且也促进他们智力的发展,能力得到培养,情操得到陶冶,因此这将是对学习者的整个精神世界的开发。

三、范例教学法的基本思想

对于范例教学法的基本思想,虽然有种种不同的解释,但克拉夫基认为,作为总的思想动机应作如下表述:组织教养性的学习,促进学习者的独立性,即把他们引向连续起作用的知识、能力和态度,而不是通过再现性地接受尽可能多的个别知识、能力、态度和熟练技巧。这种教学性的学习只能通过如下办法来达到:让学习者从选择出来的有限的例子中主动获得一般的东西,更准确地说,或多或少可作广泛概括的知识、能力、态度。换言之,让他们获得本质的、结构性的、原则性的、典型的东西以及规律性、跨学科的关系等。具体地讲,范例教学法的内涵包括:

(一)教养性学习

不少范例教学论的代表人物指出,教学的着眼点应当正视学生在学校中有限的学习时间里,组织他们进行"教养性的学习"。所谓"教养性的学习",就是让学生通过这种学习,可以使自己始终处在一种不断受教育与培养的状态之中。在这样的学习或教学中,首先应当勇于对教材进行改造,以彻底性代替肤浅性,以使学生获得系统的认识代替记住所谓系统性的知识材料。其次,教学将追求深度而不是广度。它要求将某些重点的知识内容进行加深和强化,这意味着在教学中突出重点,抓住难点,使学生学过后能在头脑中扎根,而某些枝节可一带而过。范例教学论者认为,范例就是作为重点的知识内容。每一个范例都具有一定的代表性,它们是反映整体的一面镜子;每一个范例都不是孤立的,而是相互关联的。瓦根舍因举了一个例子来说明什么是范例:斯特拉斯堡的戈特(Gotte)教授写过一本小册子,使用了5至10种动物的例子阐明了动物学领域的全部现象、基本概念和重要规律。这5至10种动物的例子就是动物教学中的范例。

（二）主动性学习

范例教学法把学生看成教学过程中的主体，主张在教学过程中必须调动学生的积极性，并且认为范例教学方式就是让学生主动学习的教学方式。这里范例教学不仅把发挥学生学习主动性作为教学的一种手段，而且也把培养学生具有主动性与独立性作为范例教学的目标。主动性学习要求培养学生的独立能力和问题意识。

1. 独立能力的培养

一个有经验的教师应当把他的成功建立在使学生通过教学以后，能独立地依靠自己的力量迈开自己的步伐。培养学生的独立能力就是要使学生具有批判认识的能力、判断能力和行动能力，乃至自发的继续学习的能力。范例教学法不主张下结论式地教授呆板的知识与固定的技能，它仅仅是作为一种推动学生积极学习的帮助。如果不注意培养学生这种独立能力，如果学生没有这种独立性，就无法进行主动的学习，那么这种帮助也就不起作用了，那么范例教学将成为一句空话，不可能取得成功。独立能力的培养，或者说独立学习能力的培养，只有在两种情况下才有可能。第一，教学必须以学生为本，从学生的实际出发，牢牢地与学生的兴趣和关心的问题紧密地结合在一起。第二，教学不是封闭式的、定型的结构，也不是带有框框的定式。在教学过程中应当促使和帮助学生自己去发现，自己去追求，同时也要求教给学生的是在他们"最近发展区"中能感知得到的文化财富。

2. 问题意识的培养

培养学生具有问题意识或问题态度也是培养学生学习主动性的一条重要的途径。学生有了提问的能力，就可能不再依赖别人的问题与意见，就有可能独立地去寻找解决问题的途径与答案。范例教学强调，提出并表述正确的、实质性的问题是人类智慧的成就。在教学中，学生依靠范例对本质的寻找与提问，一开始往往表现为试探性与猜测性的，而不是一种由理智决定的过程。学生通过猜测产生临时性的想法，再经过严格思考的证实，一直追踪到实质性的问题的产生，这就像"试误学习"一样需要时间。所以，若要培养学生具有问题意识，教师就要耐心等待。同时，只有在学生不断地被要求提问和锻炼提问能力的情况下，他们的提问能力才能得到提高。教学中，只有成功地使学生产生问题才能调动学生的学习积极性。那么，怎样才能使学生"产生"出问题来呢？问题将产生于具体的情境、不平常的现象与奇异的事物，引起矛盾的说法；问题的火花将在流行的和似乎不言而喻的解释行不通的地方，或在理论上和实际中的任务解决不了的地方燃烧起来。这就是说，范例教学要求创设这样的情境，向学生布置这样的任务。

（三）发生的学习

克拉夫基认为，范例教学涉及的教学内容始终包含着一种内在的逻辑，一种内部的概念结构。比如，一个教学公式、一个科学的定律、一种语言规则、一种对一个社会特定发展阶段的认识、一种绘画原理或音乐原则。在范例教学中学生学到了这种内部逻辑，凭借这种内部逻辑可以学到更多的东西，那么其学得的东西就可以是一种"生产性的知识"或者说"能动的知识"。而这种内部逻辑只有通过"发生的学习"才能为学生所了解和把握。

那么什么是"发生的学习"呢？克拉夫基举了联邦德国基础学校四年级《家乡常识课》中学习地图知识的例子对此作了说明。他把课题分为四个阶段进行教学。第一阶段，教师先让学生熟悉他们居住的小镇，了解小镇的什么地方是邮局，什么地方有工厂，什么地方是他们的住宅以及了解公路的分布与河流在小镇的位置和流向。第二阶段，教师让学生用木块和纸板制作各类建筑物的模型，用纸条制作公路与河流模型，并用这些模型代替小镇上真正的建筑物，公路与河流布置在一个沙盘上，然后让学生指出学校的位置以及各自住宅的位置。第三阶段，教师让学生用各种符号把建筑物、公路、河流以及其他城镇画在较大的铅画纸上，而把布置了模型的沙盘移去，再让学生识别小镇上各种建筑物、公路、河流以及其他城镇设施的位置，找出他们各自的住宅所在的地方。在最后一个教学阶段，教师把用各种符号作标记的小镇图挂起来，向学生做一定的讲解，并把挂图与沙盘做一比较。这样，学生就一步步了解了地图的形成过程，从而掌握了地图的"内在逻辑"。这种教学过程，组织学生进行的学习就是"发生的学习"，这种教学也称"发生的教学"。这种教学艺术把科学视为正在形成中的或已经形成的东西，并把他纳入儿童的发展阶段，让他们去经验它，或让他们去追溯形成过程。这样，那些权威性的科学，在学生追溯其根源时"其被蒙上的时间灰尘便全会从它们那儿脱落下来，并且将重新作为充满生命活力的东西出现在我们面前"。这种教学艺术可以把死的科学事实重新变成产生该事实的活的过程，变成创造和揭示该事实的活动。这个过程也被称作"回逆再构"过程，就是使教学回到科学的认识产生的最初阶段，重演其形成过程，重新对其做科学的归纳与概括。

（四）开放式教学

范例教学论者指出，要使教学中的范例反映学科的整体与学习者的整体，教学必须是开放式的，而不是封闭式的。这就意味着，教师在教学中必须以学生为中心，使教学从学生的实际出发，必须充分注意调动学生在教学过程中的主动性和积极性，必须引导学生进行独立的探究，而不仅仅向他传授知识。为此，教师必须较好地完成三项教学任务：引进新概念，介绍新内容；组织练习运用知识的活动；鼓励学生独立学习、学会学习。

四、范例教学法的程序

（一）范例性地阐明"个"的阶段

这个阶段要求在教学中以个别事实和对象为例来说明事物的本质特征。如教学中，教师首先以乌克兰防风林带这个个案为例，对它进行充分、彻底的探讨，使学生透彻地认识这个个案，真正地把握它，从而使学生了解俄罗斯南方草原景观这个整体的特征。

（二）范例性地阐明"类"的阶段

这个阶段是对个别事例进行归类，对许多在本质特征上相一致的个别现象做出总结。 比如，通过乌克兰防风林带的个案的教学，使学生获得了关于俄罗斯南方草原景观的知识后，又通过归纳和推断，使学生了解一系列类似景观的本质特征，如美国中西部的草原景观等。

（三）范例性地掌握规律和范畴的阶段

这个阶段的教学要求在前两个阶段的基础上提高到规律性的认识上来。 通过第一、二阶段的教学把"个别"抽象为"类"，再发掘出"类"里边的规律性的内容。 如学生通过对各种草原景观的归类，就可以了解到草原沙化过程及抑制草原沙化过程所应付出的努力，并使学生认识人在特殊气候和地理条件下干预自然所造成的结果以及如何可以弥补这种结果。

（四）范例性地获得关于世界经验和生活经验的阶段

如通过乌克兰防风林带的教学的层层递进，最终使学生认识到人类与自然的关系，即人类要干预自然、改造自然，但人还不能彻底支配自然。这样，通过第四阶段的学习，不仅使学生更深刻地了解了世界，而且可以使他们加强自己行为的自觉性。 范例教学法运用的关键在于保证所选范例的示范性，通过解剖分析精选的个别范例，要能达到掌握一般规律性知识的目的。 如果范例选择不当，其效果就会不好，教学目的就难以达到。因此，教师在课前必须精选好范例。

五、范例教学法的基本原则

（一）教学与德育相统一原则

教学与德育相统一原则也就是坚持教学的教育性。 教学既要学生学习知识、掌握技能，又要使学生在思想道德层面得到启发。 教学的教育性是德国教育学的传统，揭示了教学的规律性。

（二）解决问题的学习与系统知识的学习相统一原则

教学是按一个个课题进行的，这种教学，一方面要求针对学生存在的问题或针对学生提出的问题进行教学；另一方面又要保证让学生掌握学科整体的系统。 教学既要反对脱离学生的实际，又要反对不掌握学科的严密系统，只获得一些片段的、零碎的、孤立的知识。

（三）主体与客体相统一原则

范例教学认为教学主体是受教育者，即学生；教学客体是教材。教学就是教师引导学生掌握教材。所以，老师既要了解教材、熟悉教材、掌握教材，又要了解学生、熟悉学生，把握学生的知识水平、个性特点、智力发展水平。在教学中把这两方面结合起来，就叫主体与客体的统一。只有这样，教师才能教得活，学生才能学得活，才能把学生的兴趣激发起来，把学生学习的主动性、积极性调动起来。不了解、不熟悉、不掌握教材，固然不能顺利地进行教学。同时不了解、不熟悉学生，也不能成功地进行教学。

（四）基础知识学习与智能培养相统一原则

范例教学在知识与能力的关系问题上，要求既要以知识、技能武装学生，又要培养学生的各种能力，把传授知识与教给学习方法、发展智力、培养能力结合起来。

六、范例教学法的应用实例

实例一 《鸭——适宜于水中生活》

《鸭——适宜于水中生活》是联邦德国基础学校三年级《家乡常识课》的教学内容，下面的案例系作者赴联邦德国考查的听课实录。

上课了，教师拿出一只用泡沫塑料雕成的鸭子，放在一只玻璃的大水槽中（在讲台上），孩子们看到一只大白鸭悠然自得地漂浮在水上。教师请一位同学用彩色笔在白鸭身上沿着水面划线，然后教师把这只"鸭子"拿出水槽让孩子们观察，并提出问题：鸭子身体在彩色线以下部分（即鸭在水中的部分）像什么？

孩子们一眼就看穿了，许多孩子争着回答，"像一艘船"。

教师又取出一块与鸭子一样宽的木板，用手推着木板在玻璃大水槽中前进，问在水槽旁边的孩子们，你们看到了什么现象？一位孩子立即答道："当木板推进时，在水槽中掀起了波浪。"教师又将塑料鸭放在水槽中同样推着前进，孩子们奇异地发现，水槽中没有看到波浪，只见水流平衡地向后面流去。接着教师提示，鸭子的内脏集中在身体的后半部分。

上课才开始五分钟，教师简练地做了两个演示实验，在孩子们的脑海中却掀起了波浪。鸭在水中的部分像艘船，原来船的形状是人们对鸭这类的动物长期观察得到的启示，鸭在水中抬头挺胸自由自在地游荡的形象，加上教师的提示，鸭的内脏集中在身体后半部分……孩子们马上想到，江河湖海中行驶的快艇为什么要把发动机装在船的尾部，而翘起船首？是否这样才能使快艇飞快地航行？……一系列的问题不断地涌现，孩子们很快得到了一个结论：鸭子身体的形状特别适合在水中生活。

接着，教师让各小组的孩子们拿出教师早已准备好的鸭脚（这是教师从鸭身上斩下来的），两手拿着鸭脚在小组的水槽中来回学着鸭子划水。很快孩子们就发现了一个奇怪的现象，当拿着鸭脚向前运动时，鸭脚趾间的蹼自动地收拢；当拿着鸭脚向后划水时，鸭脚趾间的蹼会自动张开。这不是一个孩子偶然的发现，而是全班同学实验发现的共同规律。

教师问："谁能说说人们怎样利用鸭脚结构的这一特点的呢？"一个孩子回答说："划船时，我们用桨向后划水时，总是使桨和水的接触面积尽量大，这样能使船划得快些；当把桨向前挪动而插入水中时，总是将桨侧着入水，这样可减少阻力。"另一孩子答道："我游泳（自由泳）时，手向后划水时总是手指并拢用力向后划，这样游得快些；当手往前挪动插入水中时，总是侧转了手插入水中，这样可减少游泳时的阻力……"教师要孩子们再用鸭脚在水中划动，体验一下鸭是怎样前进的，怎样转弯的……很快孩子们又得出一个结论：鸭子脚的结构很适合它在水中行动。

然后教师又让孩子们拿出一个纸袋，里面放着几片鸭子的羽毛。他要求孩子们把羽毛片放入水槽中，然后再取出，仔细观察发现什么。孩子通过实验观察到，羽毛片放在水槽中都飘浮在水面，有时可以看到羽毛片上有一颗颗小水珠，当把羽毛片拿出水面，小水珠都滚落下来，羽毛片仍然是干的。针对孩子们的疑惑，教师又提出一个要求：你们能使这些羽毛片沉入水中吗？需要什么材料和工具老师可向你们提供。孩子们开始用手把羽毛片按入水中，当松开手，它又浮了起来。再试一次，仍然一样，拿出水面一看，一点也没有潮湿感。一个孩子自言自语道，羽毛片上好像涂了一层油脂。孩子们马上得到了启发，准备用实验证实一下。于是孩子们向老师要来肥皂和洗洁剂，并用它们在羽毛片上进行擦洗，擦洗完后再放进水槽，结果发现这些羽毛片全都沉入了水中。

通过这一实验，孩子们证实了羽毛上确实有一层油脂。老师又问，这油脂是从哪里来的？这时孩子们思索着，却很难找到答案。老师启发道："你们平时看到鸭在水面上休息时，总喜欢用喙去'整理羽毛'。其实，这时鸭并不是在梳理自己的羽毛，而是不停地在给自己的羽毛涂上一层油脂。油脂是从哪里来的？原来在鸭的尾部长着一个脂肪腺，鸭在水中休息时不停地用喙从它尾部的脂肪腺中取得油脂，涂在羽毛上。这就是鸭子'整理羽毛'的实质。"

接着老师拿出鸭的标本，要孩子们仔细观察鸭的羽毛是怎样排列的，这样排列有什么作用。孩子们观察后答道，羽毛的排列像鱼的鳞片排列一样，像屋顶上瓦片的排列一样……这样的排列能防止水浸湿身体，游动时能减少阻力，这又使孩子们想到，原来人们屋顶瓦片的排列方法也是从羽毛的排列上得到启示的。

然后老师又拿出另一只装着羽绒的纸袋，要求孩子们用手去抚摸，并提出以下问题：你有什么感觉？这些羽绒放入水槽中将有什么现象发生？这说明了什么？羽绒长在鸭子的什么部位？有什么作用？

通过实验孩子们发现这些松软的羽绒投入水槽后，下沉了，这说明羽绒上没有油脂。经过一系列的讨论，他们明白了为什么冬天大雪纷飞，人们穿着厚厚的冬衣还觉着冷，而鸭子还能逍遥自在地在水中游荡。原来是这层长在鸭子贴身处的羽绒为它保暖。现在人们也利用鸭绒制作过冬的衣被……

随后教师又给每个小组发了一只鸭头（从鸭身上斩下的），要求孩子们对鸭的嘴和舌进行仔细观察。孩子们扒开了鸭嘴，看到鸭舌两边的排列像梳子的形状。教师又提出了问题：鸭舌这样的形状有什么功能？孩子们进行了猜测，但不能得到完美的解答。这时教师放了一段鸭在水中觅食的录像，鸭张大了嘴不加选择地把水、沙、食物等全部装了进去，当它把嘴合拢时，水和沙就从梳子状的空隙中流出，而把食物留在口中。多巧妙的结构啊！

一系列的实验后，孩子们得出了鸭子从外形、脚、羽毛、羽绒、长长的头颈以及嘴、舌的构造都适宜于水中生活的结论。

老师最后总结道，鸭子完美的结构与大自然和谐的配合是鸭子长期以来对大自然适应的结果。因此，我们每个人对大自然的美、和谐都要珍惜，而且要很好地保护。同时，我们还可以用这样的方法去研究其他的生物，它们的外形、构造、习性是怎样的？为什么是这样的？我们从中可以得到哪些启示？哪些能为我们所利用？

（商继宗.教学方法：现代化的研究［M］.上海：华东师范大学出版社,2001.）

实例二　《研究土豆皮的作用》

《研究土豆皮的作用》是联邦德国基础学校三年级《家乡常识课》的教学内容，下面是作者听课的实录。早在两周前教师就布置了这样一个"研究"课题，让孩子们各自回家独立地进行观察研究，下面是他们两周后在班上举行的"研究"报告会。研究土豆皮的作用。

一位孩子自告奋勇地走上讲台汇报他的"研究"。他首先讲了他是如何选择研究对象的，然后叙述了他是如何进行观察研究的，最后他把研究报告通过投影仪打在屏幕上。下面就是这位孩子的研究报告。

研究步骤：1. 先选择一只表皮完整的中等大小的土豆，测得它的重量是100克。再选择一只大一些的土豆，使它削去外皮后的重量也等于100克。2. 把它们分别用细线悬挂起来，同时放在通风处（同一个地方）。3. 每天下午5：00进行定时观察，并把这两个土豆分别称量。

研究结论：经过几天的观察、记录，可看到去皮的土豆越来越干瘪，色泽由新鲜变得暗淡，而且出现黑斑块。随着时间推移，黑斑在不断增多，而且有的地方开始霉烂。通过表格中显示的数据分析，可以看到去皮的土豆的重量越来越小了，从而知道它失去了水分。而带皮的土豆则几乎无变化。从观察现象和记录中可以归纳出如下结论，土豆的皮有保持水分不被蒸发、防止土豆腐烂变质的作用。

在这个孩子汇报完研究报告后，教学进入学习成果迁移的阶段，教师提出一系列的问题，如甘薯的皮有什么作用？苹果的皮有什么作用？水果的皮有什么作用？让孩子们去联想，去发现新的规律。

表7-1　研究土豆皮的作用

日期	带皮土豆重量（克）	去皮土豆重量（克）	情　况
4月10日	100克	100克	去皮土豆色泽嫩黄。
4月11日	100克	90克	去皮土豆色泽变白，有些地方出现黑色斑块，带皮土豆无变化。
4月12日	100克	70克	去皮土豆色泽变灰白，有干瘪现象，带皮土豆无变化。
4月13日	100克	60克	去皮土豆色泽变灰白，黑色斑块变大，干瘪现象增加，带皮土豆无变化。
⋮	⋮	⋮	⋮
⋮	⋮	⋮	⋮
4月25日	结论：		土豆的皮有保持水分不被蒸发、防止腐烂变质的作用。

（商继宗.教学方法：现代化的研究［M］.上海：华东师范大学出版社,2001.）

第二节　程序教学法

一、程序教学法的由来

程序教学法始于美国心理学家普莱西1924年设计的第一架自动教学机。这台机器是作为自我记分器用于客观性考试的。学生看懂机器孔眼中出示的问题，并从若干个供选择的答案中选出一个答案，然后按一下与此答案相应的电钮。如果答案正确，狭孔上就出现下一个问题，如果答案错误，则问题继续保留。直到学生作出正确的选择为止，这类考试也间接帮助了学生进行学习。学习考试结束后，机器就已经算出学生的具体分数。普莱西认为，教学机器能在学生选答过程中奖励正确、惩罚错误，加深答对的印象，也能使教师从批改作业的繁重劳动中解脱出来，但是普莱西的教学机器在当时并未流行。这种设想，当时没有引起重视和推广。

1954年，斯金纳在《学习的科学和教学的艺术》一文中，提出了自动化自我教学的思想，他在普莱西的教学机器基础上，根据操作条件反射和积极强化的理论设计了程序化教学机器。斯金纳分析了当时学校课堂教学存在的问题：学校里面正强化很少发生；学习行为与强化之间的间隔时间过长；缺少一种引导学生通过一系列连续接近达到最终复杂行为的巧妙程序；强化的次数太少。这些情况使课堂教学效率不高，学习质量下降。鉴于课堂教学中所存在的问题，斯金纳认为要提高教学效率和学习质量，关键在于学习效果的及时反馈，使学习行为经过多重强化和连续强化，并有效地保持在一定的强度水平上。因此，斯金纳设计出一种程序编制严密而科学的教学机器，程序教学法才风行起来，才引起广大心理学界和教育界人士的重视。20世纪60年代初程序教学法传到西欧、日本、前苏联等地，成为一种影响颇广的教学方法，世界上许多国家先后推行了程序教学。70 年代后，由于计算机和信息加工技术的发展，计算机辅助教学（CAI）在学校教学中被广泛应用，90 年代多媒体技术的运用使程序教学变得更加富有挑战性。

二、程序教学法的含义与分类

程序教学法是根据程序编制者对学习过程的设想，把教材分解为许多小项目，并按一定顺序排列起来，每一项目都提出问题，通过教学机器和程序教材及时呈现，要求学生做出构答反应（填空或写答案）或选择反应，然后给予正确答案，进行核对。这一系列过程都是通过特制的教学机器与学生之间的活动进行的。这种方法的理论核心是：人类行为是一个有序的过程，它可以借助自然科学的方法来进行研究，通过有序地选择教学信息，改善学生的学习活动，有效地控制学生学习的过程。

程序教学主要有两类，直线式的程序和分支式的程序。直线式程序是美国斯金纳首创的。其特点是把学习材料由浅入深地直线地编排，并把这些学习材料分成许多连续的步子，然后呈现给学生。学生学习时，要求学生对呈现每一步的问题做出解答，在确认该解答正确后，才进入下一步。每个学生都要按照机器规定的顺序逐步深入学习，不能随意跳越任何步子。

分支式程序是美国克洛德创立的。它采取多重选择反应，以适应个别差异的需要。学生在阅读一个单元教材之后，立即对他进行测验。测验题下有几个选择答案，让学生选择。如果选对了，就引进新的内容继续学习下去；如果选错了，便引向一个适宜的单元，再继续学下去，或者回到先前的单元，再学习一遍，然后再引进新内容的学习。分支式程序通过学生的选择，走向不同的支线，以适应个别差异的需要。选择完全正确的学生，一直沿主支前进，学习进度就快。选择不正确的学生，走向错误的分支或进入亚分支，待复习这部分基本知识之后，才能回到主支继续学习下去，他们的学习速度比较慢。

程序教学法的特点是小步子、积极反应、及时反馈、自定步调及低的错误率。它的优点是能使学习水平不同的学生在学习中充分发挥其学习能力，差生进步明显。此外，程序教学使学生学习每一小单元的目的更为明确，学习责任心加强，减少了错误，使学习更为有效。

三、程序教学法的理论基础

程序教学法的理论基础是斯金纳的新行为主义操作条件反射学说和强化理论。这种理论把人类学习活动视为一种有序的行为过程，通过有序地选择教学信息，把教学活动按一定程序有步骤地进行强化，从而有效地控制学习过程，提高教学效率。

（一）操作性条件反射学说

斯金纳通过对白鼠、鸽子等动物进行的有机体行为控制和行为改变的实验研究，概括出操作条件作用的规律，并提出了操作条件反射学说。

斯金纳认为任何刺激反应单元都可看作是反射，一切行为都由反射所构成。他把有机体的行为分为应答性行为和操作性行为两类。应答性行为是由已知的刺激所引起的反应行为，操作性行为是由有机体自身发生的反应行为，这种自发行为与任何已知的、能观察到的刺激没有联系。斯金纳认为，条件反射也有两类：一是刺激型条件反射，适用于应答性行为；另一类是反应型条件反射，适用于操作性行为。应答性行为是有机体被动地对环境作出反应，是一种不随意的反应，而操作性行为是有机体主动地作用于环境，是随意的或有目的的反应。显然，操作性行为能更有效地应付有机体的环境，因为操作性行为是那种作用于环境而产生结果的行为。斯金纳承认这两种行为都属于有机体的学习行为，但斯金纳更强调操作性行为的重要意义。因为在大多数情况下，被动引出的反应在重要性程度上比主动发出的反应要逊色得多。

斯金纳把实验室对动物的研究结果扩大到人类日常的生活。他将人类的行为或学习看作是可操作的，并认为在一个操作（不管有没有引起这种操作的刺激）发生后，接着呈现一个强化刺激，那么，在类似的环境里发生这种操作的概率就会增加。因此，操作性强化能提高行为的效率。而且，强化刺激与实施强化的环境一起都是一种刺激，我们可以以此来控制操作反应。在教育过程中，教师可将学习目标分成很多的任务，使学生一步一步地学，同时教师一个一个给予强化，最终学生都学会学习，达到学习的目标。从以上看出反射学习是一个 S－R(刺激—反应)的过程，而操作学习却是一个 R－S(反应—刺激)的过程。两者的重要区别在于：行为反应由刺激引发，前者是由一个已知刺激在强化条件下与一个反应配对形成，是一种对刺激的应答。而斯金纳的操作性条件反射学说认为，强化刺激并不和反应同时发生或先于反应发生，而是随着反应发生的。在这个过程中，有机体必须首先作出所希望的反应，然后给予强化刺激，使之更可能发生。因此，斯金纳得出操作条件作用的规律是：如果一个操作发生后，接着呈现一个强化刺激，那么，这个操作的强度就增加。这个过程中最重要的一点是强化要紧随着反应进行。

（二）强化理论

斯金纳认为，任何能够提高一个特定反应出现概率的事物都是强化。大多数人类的行为都是学习得来的，而离开了强化，学习就难以进行。因此，强化在塑造行为和保持行为强度中是不可缺少的关键因素，它是斯金纳学习理论的核心概念。斯金纳在对许多学习问题进行研究的过程中，十分注重强化这一过程，提出了一些有关强化的新概念，一套强化程序区分了不同的强化活动，对促进所希望的行为和抑制不期望的行为等方面都有独到的见地，从而构成了他的强化理论。

1. 强化物的区分

斯金纳在对强化物进行研究的基础上，对这些强化物作出了区分。他指出，在操作后直接得到报酬，通常是那些维持生命所必需的食物之类的刺激物，可以称作是第一性强化物。第一性强化物的强化力量是先天的，而不是习得的。另一种强化物则被斯金纳称作是第二性强化物，是一种次级的目标物，它不能直接地满足欲望，但仍是满足欲望的必要手段，可视为一种沿着道路以达到目标的里程碑。斯金纳指出，第二性强化物与第一性强化物有联系，或者取代了第一性强化物，因而第二性强化物是具有强化力量的，应与第一性强化物具有同样的价值。斯金纳认为，差不多任何对个人有价值的东西，诸如特权、社会地位、权力、财富、名声等，这些大多是由社会文化所决定的，它们构成了决定人类行为的极有力的第二性强化物。

2. 强化活动的区分

斯金纳把强化活动区分为正强化和负强化。正强化是一种积极的刺激，它跟随在有机体行为反应后出现，能够提高该行为再次出现的概率。用作正强化的刺激物有食物、水、表扬等。在教学过程中，教师对表现好的学生给予赞许、报以微笑或给予肯定的评价，都属正强化。负强化也是一种刺激，如果它在一种行为反应后被取消或移开，就能提高该行为再次出现的概率。它是以从情境中排除某种东西，避免不愉快的后果来提高一个人自愿做某件事或做出另外一个所期待的反应的积极性。例如，学生学习可能是为了避免不及格，而学习好可能是为了避免家长或教师的指责等。

此外，斯金纳还对惩罚进行了研究。他认为，惩罚是一种和强化根本不同的过程。惩罚不能持久地减少反应的倾向。通过奖赏，行为可能被铭记，但不能说通过惩罚，行为能够被杜绝。因此，斯金纳反对用惩罚的手段来控制学生的行为，因为惩罚对惩罚者和被惩罚者都不利。他主张用积极的强化，多从正面教育入手，尽量避免使用惩罚手段。

3. 强化程序

强化程序是一个反应接着一个强化刺激所组成的序列。它是由辨别刺激、反应和强化刺激三个相互关联的变量所组成。辨别刺激是由环境引起的任何刺激，它是行为发生的条件，是在正被强化的反应之前。而强化刺激是接着反应发生，并使有机体得到结果。斯金纳指出，在这个强化序列中，重要的刺激是紧随着反应的那个强化刺激，而不是发生在反应之前的那个刺激，因为正是由于强化刺激才导致反应的增强。这里还有另一个重要因素是时间。强化要紧随反应，关键是在时间上的紧随，而并不要去注意强化的序列是怎样形成的。在一个强化序列中，一个操作(反应过程)发生后，接着是一个强化刺激，这个操作再发生的强度就会增加。斯金纳认为，教学或训练的成功，关键是精确地分析强化效果，并设计操纵这个过程的技术。这样，才能做到精确地控制行为。此外，斯金纳还对强化的程度及频度进行了研究，并发现和验证了许多有价值的强化程序。他认为，主要的强化程序有两类：一类是连续强化，即每一次正确反应之后都给予强化；一类是间歇强化，即并不是每一次正确反应之后都给予强化。其中间歇强化又可分为定时强化、定比强化和定量强化等程序。

斯金纳的强化理论对教学产生了巨大的促进作用。在斯金纳提倡的程序教学中，尤其体现出强化理论在教学中的具体应用，表现在以下几个方面：(1)一个人学习或改变其行为的方式是根据他观察自己行动的结果而获得的。(2)对所要求的作业强化越快，行为和重复就越有可能。(3)强化次数越多，学生重复行动的可能性也越大。(4)在一个行动之后没有给予强化，或者延缓强化，就会减少这一行动重复的可能性。(5)对一个行动的间断性强化，会增加学生坚持其学习的时间长度而无需更进一步地进行强化。(6)用积极强化的手段来促使学生的行为变化，尽量避免使用惩罚的手段。(7)运用适当的强化物，使用适宜的强化序列，可以达到希望的行为的出现和避免不希望的行为，从而达到教育之目的。

四、程序教学模式

斯金纳根据他的"操作条件反应"和"积极强化"的学习理论，在普莱西的机器教学的基础上，设计了一套程序教学模式。

斯金纳的程序教学模式首先强调的是教材编制。他主张把预先审定的教材分成若干个可分离的部分，然后将这些可分离的部分按照逻辑的顺序仔细地组织起来，使每个部分都能审慎地建立在前面的那个部分上。这样，学生可以循序渐进地学习教材中的每个部分。而且学生通过这种安排，可以按照他自己的速度进行学习。在每次学习后，都能立即得到强化，这种强化是在他作出反应之后立即给予正确的反应，或者是在他已作出正确的反应之后才允许他进入下一部分的学习。

在教材的编制上，斯金纳首创了直线式程序。直线式程序也被人们称为"经典程序"。直线式程序模式把教材分成一系列连续的小步子，每一步包括的内容很少，系列由浅入深、从简到繁。在教学过程中，首先给学生呈现第一步，然后要求学生有一个回答反应(填充或写答案)。学生学完了第一步，并获得正确的反应，再呈现第二步，以此类推，学生都要严格地按机器规定的顺序学习，直至结束。

直线式程序教学模式实质上是将学科知识重新组织成一个教学逻辑顺序的过程，也是强调以学生个体按问题进行个别化学习的教学模式。因此，实施斯金纳的直线式程序教学模式的关键还是教材的编制。关于如何编制程序教材以及使用教材，斯金纳强调了以下几个方面：(1)及时强化学生的每一个反应。(2)要对正确的反应进行强化而不应强化错误的反应。(3)为了降低学生的错误反应率，要使程序的每一步的难度尽可能地降低。(4)要保持每一步的内容之间有密切的联系，由简到繁，循序渐进。(5)在程序中所呈现的问题，要变换缓慢，以使学生复习曾经呈现过的东西，并能应用所学过的东西来解答后面的问题，(6)必须控制学生的学习行为。如在显示问题时，不能让他同时看到两个问题，不能在学生作出反应之前，提前出现答案。应当使学生在正确理解问题之后，再作出正确反应，只有在完成一个步子后才能让他前进。(7)要运用学生的反应来测试各个步子的效应。(8)注意训练学生的思维能力以建立抽象概念。

其次，斯金纳的程序教学还强调在教学中使用教学机器。斯金纳设计了能帮助教师为每个学生安排强化序列的教学机器。斯金纳指出了在课堂上使用这种教学机器具有的一些优点：(1)对正确的答案的强化是及时的。(2)假如早期厌恶抑制的痕迹能够消除的话，那么就能产生足够的强化来使通常的儿童每天在适当的时间进行学习。(3)一个教师可以同时照看全班儿童进行学习，而且每个儿童在上课时可以完成尽可能多的作业。(4)

每个儿童都可以按照他自己的速度来学习,当他超过全班很远时,可以指定另外的作业。(5)任何因故离开学校一段时间的儿童,回来时可以从他停止的地方继续学习。(6)教师把所有的问题作为一个整体,安排成一个连续的顺序。(7)因为教学机器可以记录错误的数目,所以磁带可以更改,以增强它们的效益。(8)由于可以了解每个学生刚刚做了些什么,所以教师能够在最有利的时候,使用必要的补充强化。

五、程序教学原则

斯金纳的程序教学主要包括以下五条基本原则:

(一)积极反应原则

斯金纳的程序教学十分强调学生的积极反应这一原则。与此相反,传统的课堂教学,教师只是注重知识的传授,学生只能消极被动地接受,学生很少有机会对教师及学习内容作出积极的反应。这一原则要求学生通过程序教材和教学机器,亲自动脑、动手去学习,并通过解题、填答案等作出积极的反应。再加上给予不断的强化,可使学生在学习过程中经常处于积极反应的状态。与以前的教学不同,程序教学主张以问题的形式,通过教学机器或教材给学生呈现知识,使学生能够对一个个问题作出积极的反应。

(二)小步子原则

斯金纳程序教学的小步子原则要求教学内容按内在联系分成若干小的步子,编成程序。材料一步一步地呈现,由易到难,每一步之间的难度通常是很小的,学生能较容易地获得有关知识。学生每次只走一步,做对了,才可走下一步。此外,小步子原则更重要的一点是,由于学习内容分成了许多小步子,每完成一步就给予一次强化,这样,与以前的教学相比,在学完同等的课程后,小步子原则可以使强化的次数提高到最大限度,从而能促使学生主动、积极地学习。

(三)及时强化原则

及时强化是程序教学的又一个原则。因为斯金纳的操作条件反射的规律认为，一个操作发生后，紧接着呈现一个强化刺激，那么这个操作力量就会得到增强。遵循这一规律，这一原则要求在每一个学生作出反应后，必须立即告知学生结果，使学生知道其反应是否正确，也就是给予学生反应的及时强化，这也就是程序教学中最常用的强化方式。斯金纳认为，及时强化很重要，学生的回答能立即得到肯定，可以增强学生的自信心，同时也有助于保持和巩固已学的知识。

（四）自定步调原则

程序教学是一种个别化的教学方式，强调让学生按自己的速度和能力进行学习，这也就是程序教学的自定步调原则。传统的课堂讲授方式无法针对学生的差异性照顾到每一个学生，很可能会阻碍一部分学生的学习能力的发挥。所以，在班级里，学生之间在学习上就会产生很大差距。程序教学的自定步调原则是以学生为中心，不强求统一步调，鼓励每一个学生以他自己最适宜的速度进行学习。这样，学生可按各自的思维方式、速率来处理问题，而不受其他人的影响。同时，通过一次次的强化，能够激发学生的学习兴趣，使他能够稳步前进。

（五）低错误率原则

低错误率原则是要在教学过程中尽量避免学生出现错误的反应。过多的错误会影响学习者的情绪和学习的速度，使人得到令人反感的刺激，如果能较好地运用以上这些原则，学习由已知到未知，由浅入深，学生可能作出更多的正确反应。少错误或无错误的学习可以增强学生学习的积极性，提高学习效率。

六、程序教学法的应用实例

实例一　程序教学法在英语教学中的应用

用程序教学法来教一个三四年级的小学生拼写单词的具体做法如下，以拼写 manufacture 为例。

1. manufacture 意思是制造或建造。椅子工厂 manufacture 椅子。抄写此词于下：

□□□□□□□□□□□

2. 这个词的一部分和 factory 这个词的一部分相像。来自于一个古老的词，意思是制造或建造。

manu □□□□ ure

3. 这个词的另一部分和 manul 这个词的一部分相像。两部分皆来自一个古老的词——手。许多东西都是用手做的。

□□□□ facture

4. 同一字母出现在下面两个空格中：

m □ nuf □ cture

5. 同一字母出现在下面两个空格中：

man □ afct □ re

6. 椅子工厂 □□□□□□□□□□□ 椅子。

（商继宗.教学方法：现代化的研究［M］.上海：华东师范大学出版社,2001.）

实例二　程序教学法在中学物理教学中的应用

提示：机器在一个时候只呈现一个项目。学生完成相应的项目然后出现右边相应的词语。

要完成的句子	要补充的词
1. 一只手电筒的重要部分是电池和灯泡。当我们"开"灯时，我们关闭联接电池与____的闸门。	灯泡
2. 当我们开一只手电筒时，一道电流通过____中的细金属丝并使它变热。	灯泡
3. 当热金属丝变得炽热发亮时，我们说它产生或发出热和____。	光
4. 灯泡内的细金属丝称为灯丝。当灯丝由一道____流通过而发热时，灯泡就"亮了"。	电
5. 当一节弱电池产生弱电流时，细金属丝或____并不很热。	灯丝
6. 一个不是很热的灯丝发出或产生____灯光。	较少
7. "发射"意味着"送出"。由一灯丝送出或"发射"的光量依灯丝____到什么程度而定。	热
8. 灯丝的温度越高，发射的光就____。	越亮、越强
9. 如果一个手电筒的电池是弱的，灯泡内的____仍然发光，但其色暗红。	灯丝

要完成的句子	要补充的词
10. 一条很热的灯丝的光是黄色或白色的。而一条不很热的灯丝的光则是____色的。	红
11. 一个铁匠或其他的金属工人有时在把一条铁棒锤成一定形状之前要确信它已热到"樱红色"。他利用铁棒发射的光的____来了解它热到什么程度。	颜色
12. 颜色与光亮依赖于发光的灯丝或铁棒的____。	温度
13. 一个发光的物体因为它是热的，就被称为"炽热"体，一只手电筒的灯泡是一个炽热的____源。	光
14. 一根霓虹管发光，但仍是冷的。因此，它不是一个炽热的光____。	源
15. 一根蜡烛的火焰是热的，它是一个____光源。	炽热的
16. 蜡烛的热芯放出碳的小块或微粒，它们在火焰中燃烧。在燃烧之前或燃烧时热的微粒就送出或____光。	发射
17. 一条长的蜡芯产生一条火焰，其中火并未达到所有的碳微粒上。没有火，这些碳微粒就不能燃烧。不能燃烧的微粒上升在火焰的上面成为____。	烟
18. 我们拿一块金属放在火焰中，就能表明甚至在未冒烟时蜡烛的火焰中也有碳微粒存在，金属使某些碳微粒未燃烧之前就变冷，而未燃烧的碳____像烟垢一样聚积在金属上。	微粒

要完成的句子	要补充的词
19. 在烟垢或烟中的碳微粒不再放光，因为它们比在火焰中____。	冷些、凉些
20. 烛焰的红色部分具有与弱电池手电筒中的灯丝相同的颜色。我们可以猜到烛焰的黄色或白色部分较红色部分____。	热些
21. 熄灭一个炽热的电灯光，就意味着切断电源，使灯丝变得太____，以致不能发光。	冷
22. 在一盏油灯的灯芯上点火称为____灯。	点
23. 太阳是我们主要的火____和热____。	源；源
24. 太阳不仅非常亮，而且非常热。它是一个强大的____光源。	炽热的
25. 光是能的一种形式，在"发光"过程中一个物体把____的一种形式变为或转化为另外一种形式。	能
26. 在手电筒中电池所供应的电能转化为____和____。	热；光
27. 如果我们让一只手电筒一直亮着，则电池所储存的一切能终将变为或____热和光。	转化为
28. 蜡烛的光来自蜡烛燃烧时由化学变化所释放的____。	能
29. 一个差不多用完的电池可使一只手电灯泡摸着发暖，但灯丝仍可能不够热到足以发光，换句话说，在那种温度下灯丝将不会____。	炽热

要完成的句子	要补充的词
30. 像灯丝、碳微粒或铁棒等物体大约热到摄氏八百度时就变得炽热。在这种温度下它们开始____。	发光
31. 当温度升高到摄氏八百度以上的任何温度时，一个像铁棒之类的物体就会发光。随铁棒会融化或汽化，其微粒不管多热都会是____的。	炽热
32. 微粒发光的温度的下限约在摄氏八百度。发光的____没有上限。	温度
33. 太阳光是从太阳表面非常热的气体所____的。	发射
34. 和原子爆炸相似的复杂变化会产生大量的热，这种热说明了太阳光的____。	发射
35. 一个物体低于摄氏____度时，就不是炽热的光源。	八百

（商继宗.教学方法：现代化的研究［M］.上海：华东师范大学出版社,2001.）